# 烟雨翠堤贯古今

## 昆明翠湖历史人文概览

何丹娜 著

云南大学出版社
YUNNAN UNIVERSITY PRESS

图书在版编目（CIP）数据

烟雨翠堤贯古今 ： 昆明翠湖历史人文概览 / 何丹娜著. -- 昆明 ： 云南大学出版社, 2023
ISBN 978-7-5482-5026-5

Ⅰ. ①烟… Ⅱ. ①何… Ⅲ. ①文化史－昆明 Ⅳ. ①K297.41

中国国家版本馆CIP数据核字(2023)第176913号

策划编辑：徐　曼
责任编辑：陶燕燕
装帧设计：刘　雨

# 烟雨翠堤贯古今

## 昆明翠湖历史人文概览

YANYU CUIDI GUANGUJIN
KUNMING CUIHU LISHI RENWEN GAILAN

何丹娜　著

出版发行：云南大学出版社
印　　装：昆明理煋印务有限公司
开　　本：889mm×1194mm　1/32
印　　张：6.75
字　　数：160千
版　　次：2023年10月第1版
印　　次：2023年10月第1次印刷
书　　号：ISBN 978-7-5482-5026-5
定　　价：38.00元

社　　址：云南省昆明市一二一大街182号（云南大学东陆校区英华园内）
邮　　编：650091
电　　话：（0871）65031070　65033244　65031071
网　　址：http://www.ynup.com
E-mail：market@ynup.com

# 序 言

十里春风青豆角，一湾秋水白茭牙。提起春城昆明，人们会不禁想到翠湖。翠湖与昆明城密不可分！

翠湖历史悠久。元代之前，滇池水势浩大，翠湖作为滇池的一湾，位于主城之西，三山环抱，宛如一块玉玦卧于城畔。元代进行几次大型水利工程之后，滇池水位下降。受地形影响，翠湖与滇池湖面分隔，清澈秀美的一湾碧水便保留于此，这就是翠湖原初的样貌。湖中有九口泉水涌出，终年流淌，赤旱不竭，故翠湖亦有“九龙池”之名。翠湖水位下降后，肥沃的低地露出，加之当时官府免除田赋，百姓纷纷在湖畔种植菜蔬、稻谷、荷花，一时间出现了“七月秋风翠湖上，藕花常伴稻花香”的景象，翠湖也因此被称为“菜海子”。湖中水波清澈湛蓝，故又被称为“翠海”“翠湖”。

明洪武十五年（1382 年），西平侯沐英改拓云南府城（昆明砖城），翠湖正式被划入昆明城界。由此，昆明城与翠湖紧密相连、不可分割。沐英效仿西汉名将周亚夫细柳营屯兵，在翠湖西岸广植垂柳，建“柳营”屯戍军队。沐英爱马，常于翠湖畔观马、洗马，正所谓“将军思洗甲，神骏自生光”，翠湖八景之一的“柳营洗马”及后来的“洗马河”由此发源。

永历十三年（1659 年），吴三桂率清军入滇，填菜海子之半建新府（即洪化府），湖的面积进一步缩小，成为禁苑。吴三桂叛乱被平定后，康熙三十一年（1692 年）建碧漪亭、来爽楼，并开禁供人游览。翠湖在越发小巧精致的同时，游览性日益提升。道光十四年（1834 年），大学士阮元效仿名士修建南北长堤，名阮公堤。民国六年（1917 年），云南督军、省长唐继尧筑东西长堤，名唐公堤，与阮公堤交于湖心，正是："左右树交绿成洞，浅深水涨碧添池。双堤车马人如海，让我花边觅小诗。"[①] 至此，昆明出现"城内有四海"之景，翠湖的现代形态也基本奠定。

明弘治十二年（1499 年），贡院迁至翠湖北岸高地，翠湖由此成为云贵大地文人墨客聚集之处。围绕着这潭灵水，由城内到贡院的要道被称为"青云街"，一登龙门，直上青云；秋闱时誊录先生下榻之地名为"先生坡"，先生之风，泽被后世；赶考士子寓居备考的街道名为"文林街"，文华备至，士子如林……翠湖北岸，风雅相闻，英才辈出。抗日战争时期，西南联大迁至昆明，翠湖一带成为教授、学生们交流活动的重要场所，翠湖文化圈逐渐形成。中华人民共和国成立后，湖西北畔大学如林，翠湖文化圈至此而极。

一池翠湖水，半座昆明城！翠湖是昆明的眼睛，她见证了千百年来昆明城的山水沧桑，承载着这座城市的发展变迁，已然成为昆明极具特色的文化名片。汪曾祺先生曾饱含深情地写道："没有翠湖，昆明就不称其为昆明了。"[②] 春树晓莺、秋窗夜月、精舍书声、酒楼灯

---

① 袁丕厚．袁嘉谷文集第 2 卷．昆明：云南人民出版社，2001：387.

② 汪曾祺著，曹鹏选编．泡茶馆散文集．北京：中国广播影视出版社，2019：86.

影、柳营洗马、莲寺观鱼、绿杨息阴、翠荷听雨，方寸间容四时乾坤好景；贡院盛况、明宫残忆、洪化府烟雨、讲武堂风云，一湖畔汇千年文武英情。千帆过尽，雨落扁舟，翠湖的历史文化没有在记忆中磨损褪色，而已驻扎进昆明城的血脉里。从“何事二三月，忽闻千万声”的莺啼婉转，到“水边帘乍卷，天上镜新磨”的秋月凌波，吟一句荟萃美景，叹一声浩荡长空，这是属于一座城市的清澈与温柔！烟雨翠堤已成为春城抹不去的乡愁！

2023 年 6 月 2 日，习近平总书记在文化传承发展座谈会上强调，在新的起点上继续推动文化繁荣、建设文化强国、建设中华民族现代文明是我们在新时代新的文化使命。翠湖历史文化片区作为昆明近代革命精神、教育思想与文化传承创新的集合体，具有重要的历史地位与人文价值。

近年来，五华区政府按照云南省委、省政府和昆明市委、市政府关于历史文化名城核心区保护要求和“通过深挖历史文化资源，提升片区城市品质和文化内涵，让翠湖亮起来、美起来和灵动起来”的总体要求，积极推进片区文化建设。2016 年 12 月，云南省规委会审议通过《翠湖周边历史文化片区整治提升规划》。2017 年，五华区政府便据此启动整治提升工作，以翠湖环路及周边核心区为重点，拓展到圆通山、文明街、云大等片区进行联动，辐射至昆明历史城区及西南联大旧址范围。该规划以翠湖水质净化工程、“两坡一街”（先生坡、沈官坡及景虹街）改造、翠湖北门广场片区改造等八大项目为重点，提升翠湖品质。同时，统筹翠湖核心区（包括翠湖、云南陆军讲武堂、省科技馆、卢汉公馆、袁嘉谷旧居等重要历史遗存）、拓展区（包含圆通山、文明街——昆明老街商业巷、云南大学等片区）、辐射区（包括昆明历史城区、西南联大等片区），逐步将西南联大、文庙片区、昆明老街片区、南强街片区等实施精致修复。目前，随着工程的实施，先生坡、沈官坡、景虹街、洗马河柳营洗马等历史文化街巷和历史景观再现，片区提升改造已初见成效。近几年，为让“昆明之眼”更美更亮更有神，五华区进一步持续打造“九巷十三坡”游学路线、街巷博物馆，布局先生坡、翠湖博物馆群落（整合北至云南师范大学老学区、南至文明街历史文化街区、东至华山东路周边、西至钱局街一线的历史文化遗产资源）等项目。本书所指的翠湖历史文化片区即上述涉及区域，但重点围绕核心区及拓展区中的云南大学、辐射区中的西南联大进行阐述。

我们期望通过挖掘翠湖周边历史文化片区博大深厚的历史人文底蕴，推进片区的文化传承与发展，进而“以文化人、以德润心、以知促行”，不断增强广大昆明市民的文化自信与使命担当，共同努力创造属于新时代的昆明新文化，助力中华民族现代文明建设。

本书运用“以时间为纵轴，空间为横轴”的交叉书写方法，以翠湖从古至今的历史沿革为时间线索，以翠湖周边地区为空间外延，分别从革命历史、高等教育、文化韵律和名师大家四个方面展开叙述，为读者简要介绍翠湖的历史文化。

# 目　录

# 风起云涌话革命

环绕翠湖漫步，入眼的是一派清灵秀美，不染尘埃。但翠湖的水从来就不只是软媚的柔波，它曾浸染过先烈豪杰的鲜血，倒映过讲武堂师生威武飒爽的英姿，见证了古今昆明的尘世变迁。抗日战争时期，昆明作为中国抗战后方的重镇之一，在中国近代史上占有特殊地位。从讲武堂到中共地下党旧址，从北门书屋到云南起义纪念馆，从重九起义到“一二·一”运动……翠湖历史文化片区的革命印迹深深镌刻在昆明的文化基因里。

本篇以翠湖的文化空间为核心，按照历史事件发生的时间顺序，陈述陆军讲武堂在中国革命史上的重大意义，梳理战争年代环翠湖地区曾经发生的革命事迹，重温翠湖历史文化片区悠久的革命文化，传承红色精神。

## 一、革命熔炉——云南陆军讲武堂

在翠湖镌刻的历史印记中，云南陆军讲武堂是独特而光耀的存在，它不仅是中国近代史上一所著名的军事院校，更重要的是其所孕育的名人将士和勇于斗争的革命风骨深深地影响了云南的历史进程，推动了全国的革命浪潮，在中国革命史上留下了浓墨重彩的一笔。

云南陆军讲武堂是中国近代史上一所著名的军事院校，原系晚清为编练新式陆军、加强边防而设的一所省办军事学堂。为探索革命救国之路，云南陆军讲武堂师生开始了革命救国实践。

1911 年重九起义在昆明爆发，1915 年护国战争在昆明打响，1937 年抗日滇军从昆明出征，1945 年“一二・一”运动在昆明点燃，1949 年“卢汉起义”在昆明策动，这些都与从云南陆军讲武堂传承的光荣革命传统密不可分。云南陆军讲武堂为辛亥革命、北伐战争、抗日战争和解放战争培养了大批军事人才，其中包括中国共产党的高级将领朱德、叶剑英，辛亥革命的领军人物蔡锷、唐继尧，云南省最高行政长官龙云、卢汉等。他们从陆军讲武堂毕业之后积极投身革命运动，是中国近代历史长河中的弄潮儿，为中国的反帝反封建运动、民族解放运动做出了极大贡献。虽然地处祖国西南边陲，但云南各族人民的拳拳爱国之心却随着出滇征战的将士们输送到每一处战火纷飞的大地上，用滚烫的热血洗刷着祖国大地被外国侵略的屈辱。

本篇从云南陆军讲武堂的建立开始，遵循以讲武堂为原点辐射影响全国的空间逻辑，回顾从讲武堂走出的师生在辛亥革命、抗日战争、解放战争长达四十年的革命风云中做出的伟大功绩。

云南陆军讲武堂旧址坐落于昆明翠湖西畔的承华圃，今昆明市五华区翠湖西路 22 号，是国内目前保存最完整、历史最悠久的军事院校遗址。明朝初年，沐英曾在此地练兵；光绪三十四年（1908 年），护理云贵总督兼云南藩台沈秉堃向清廷奏准，筹办云南陆军讲武堂；清宣统元年（1909 年），革命党人李根源选址于此建立军校，云南陆军讲武堂正式创立并开学，高尔登为首任总办（校长）；辛亥革命后，云南都督蔡锷将军下令将云南陆军讲武堂更名为云南陆军讲武学校；1935 年 9 月至 1938 年 8 月，称为“中央陆军军官学校昆明分校”，由龙云兼主任；1938 年 9 月至 1945 年 10 月，称为中央陆军军官学校第五分校；20 世纪 50 年代初，为中国人民解放军昆明步兵学校所在地。1983 年，云南陆军讲武堂被列为省级重点文物保护单位；1988 年，被列为全国重点文物保护单位。

中日甲午战争之后，国运江河日下，外有强敌侮辱，内有民怨沸腾，民族矛盾和阶级矛盾日益尖锐，清政府面临着巨大危机。为了加紧镇压人民革命，维护封建统治，清政府开始编练新式陆军。光绪二十七年（1901 年），清政府实行“新政”，决定在全国编练新军三十六镇（师），其中，云南编练两镇。同时，清政府还要求各省设立讲武堂，以期为新军培养合格军官。

实际上，早在承华圃陆军讲武堂成立之前，“云南已经举办过武备学堂（1899 年）、新操学堂（1901 年）、陆军速成学堂（1906 年）、陆军小学堂（1906 年）以及第十九镇随营学堂（1909 年 2 月）等”①。这些学堂主要是训练下级军官，教学设施差、学员数目少，训练效果不尽如人意。云南陆军讲武堂成立于光绪三十三（1907 年）9 月，由陆军小学堂总办胡景伊兼任总办，教官也多由陆军小学堂的

① 谢本书．民国劲旅：滇军风云．昆明：云南人民出版社，2004：12.

教官兼任；由于师资和教学设施匮乏，不到 7 个月的时间就停办了。宣统元年（1909 年）12 月，新任云贵总督李经羲在给朝廷的奏章中说："滇军成镇过速，现任军佐新旧参杂，党派纷争，瑕瑜互见，将领多不得人，中下级军官学庸品卑，临、榆两标尤甚。至于巡防营军官，则多为目不识丁者。"① 想要训练出优秀的军队，需要足够的具备专业素质的教官，因此开办讲武堂已成为当务之急。

宣统元年（1909 年），护理云贵总督沈秉堃及云贵总督锡良又重办云南陆军讲武堂，由胡文澜担任总办（校长），不久又由高尔登继任。建校之初，恰逢日本陆军士官学校第 6 期中国留学生毕业回国，于是云南当权者抓住机遇从这批毕业生中物色人才，任命大量的留日学生担任讲武堂教官。李根源曾说："余始以宣统己酉归任讲武堂事，而同学诸君子任教授者，皆一时豪哲。"② 值得一提的是，这批教官中的很大一部分都参加了中国同盟会，这为之后陆军讲武堂从清政府辖下的云南新军向"革命熔炉"转化奠定了基础。这批留日教官包括李根源、张开儒、沈汪度、李烈钧、方声涛、赵康时、唐继尧、虞恩旸、顾品珍、刘祖武、李鸿祥、李伯庚、罗佩金等人，他们都参与和领导了辛亥革命、护国起义，是云南和中国历史上的风云人物。其中，李根源由于颇得新任云贵总督李经羲的赏识，于宣统二年（1910 年）5 月接任高尔登担任讲武堂总办。

---

① 中国第二历史档案馆藏. 陆军部档. 48－15－2；912－1342.

② 李根源著，李希泌编校. 新编曲石文录. 昆明：云南人民出版社，1988：144.

由于师资力量增强，宣统元年（1909 年）后的讲武堂与早前相比有了很大改善。首先，在留日学生的帮助下，讲武堂引进了日本先进的军事教育体系，从军事教育思想体系到科目和课程设置、教学内容的确定和教材编选，都仿照了日本陆军士官学校，使讲武堂的教学质量得到不断提升。随后，“李根源又修订了《修订云南陆军讲武堂章程》（简称《修订章程》），讲武堂便统一了规章制度，体制渐趋正规，事事有章可循”①。这大大确保了云南陆军讲武堂较高的教学水平和教学质量。作为中国西南边疆省份的地方军事学校，云南陆军讲武堂与保定陆军军官学校（即保定军校）、奉天讲武堂（亦称东北陆军讲武堂）并称为“清末三大军校”；加上黄埔军校，又被称为“中国近代四大军校”。

重办的云南陆军讲武堂于宣统元年（1909 年）9 月 28 日（农历八月十五中秋节）开课，至今已有 100 多年的历史，培养出大批的革命家和军事家。在中华大地硝烟弥漫的数十年中，他们的身影活跃于各个战场，在中国乃至亚洲近代历史上产生了极其深远的影响。由此，云南陆军讲武堂被誉为“将帅的摇篮”。《名将辈出的云南陆军讲武堂》一文提到：“云南讲武堂走出了三位元帅，二十几位上将。”“从这里先后走出数百名将军，中将以上的高级将领有数十人。”② 吴

---

① 吴宝璋．近代云南文化史．桂林：广西师范大学出版社，2020：52.

② 徐平，张志军．名将辈出的云南陆军讲武堂．炎黄春秋，2003（06）：73－75.

宝璋教授经过多方查寻，确认“讲武堂走出元帅 2 人，上将（含省长）44 人，中将 134 人，少将 145 人，一共 325 人。其中，国家领导人级别（含他国领导人）6 人”①。此外，讲武堂还培养了四个国家的五位重要领导人，分别是朱德（中国）、叶剑英（中国）、崔庸健（朝鲜）、李范奭（韩国）、武海秋（越南）。

其次，正如前文所述，陆军讲武堂的大部分留日教官是中国同盟会成员，深受民主主义思想影响。“在这所军校创办之始的 47 名教员中，同盟会会员有 17 人，各革命党派人士有 11 人，倾向革命者有 8 人，革命者占了教职员总数的 78% 以上。”② 从宣统二年（1910 年）5 月开始，云南陆军讲武堂由李根源任总办（校长），沈汪度任监督，张开儒任提调，三者均为讲武堂要职，可见军校的大权尽在革命党人的掌握之中。尤其是校长李根源，他早在光绪三十一年（1905 年）就加入了孙中山先生在东京成立的中国同盟会，是同盟会最早的成员之一，也是同盟会云南支部和进步书刊《云南》杂志的重要创始人。在他的领导和安排下，革命党人以军校作为掩护，积极向学员宣传民主思想，提出反帝反封建革命主张，还主动出资购买《民报》《猛回头》《革命军》和《云南》等为统治当局不容的革命书籍给校内学员传阅，同时，还在讲武堂内秘密发展同盟会员，壮大革命力量。根据

---

① 吴宝璋．近代云南文化史．桂林：广西师范大学出版社，2020：57.
② 李晓明，史亚黎．辛亥革命在云南：云南之光·百年辛亥回眸．昆明：云南美术出版社，2013：41.

朱德回忆，他就是宣统元年（1909 年）在讲武堂学习的时候加入了同盟会的，而同盟会小组的主要活动就是开会讨论和策划如何推翻清政府的统治。朱德在《辛亥革命回忆》中说："云南陆军讲武堂成了云南革命的重要据点"①，也"成了西南团结革命力量的核心。"②

就这样，在众多革命党人的共同努力下，民主革命的思想得以在陆军讲武堂落地生根，最终成长为枝叶遍及整个中国大地的参天大树。从讲武堂毕业的学员走出昆明，走出云南，走到了近代中国波澜壮阔的历史长河当中。例如，朱德、叶剑英、蔡锷、唐继尧、龙云、卢汉等中国近代史上赫赫有名的人物，他们先后领导和参与了"腾越起义""重九起义""临安起义"、北伐战争、抗日战争、解放战争，为祖国和人民建立了不朽功勋。以下按照时间顺序，分别简要概述讲武堂师生在辛亥革命、北伐战争和抗日战争三个时期的主要贡献。

### （一）响应辛亥——云南辛亥革命

1911 年 10 月 10 日，湖北武昌起义打响了推翻清政府统治的第一枪，随后全国各地纷纷响应，爆发了全国范围内的反清斗争。云南儿女不甘人后，于同年 10 月 27 日，在腾越（今腾冲）爆发了"腾越起义"，揭开了云南辛亥革命武装斗争的序幕；10 月 30 日，昆明爆发"重九起义"，11 月 1 日又爆发了"临安起义"。三场武装起义运动均取得胜利，"云南辛亥武装革命"成为辛亥革命的重要组成部分。

---

① 朱德选集．北京：人民出版社，1983：379.

② 朱德．辛亥回忆．解放日报，1942. 10. 10.

孙中山先生在云南驻沪代表欢迎宴会上的讲话中，对云南辛亥武装革命做出了高度评价："云南起义，其目标之正确，信心之坚强，士气之昂扬，作战之英勇以及民心之振奋，响应之迅速，与黄花岗之役、辛亥武昌之役，可谓先后辉映，毫无轩轾。"①

在这三场起义中，腾越起义是云南省第一场响应武昌起义的资产阶级民主革命运动，也使云南省成为继湖南、陕西、江西之后的第四个响应武昌起义的省份。1911 年 10 月 27 日晚 9 点，在讲武堂乙班 1、2 期毕业生彭蓂、李学诗、和朝选、方涵、刘得胜等人的支持下，革命党人张文光、刀安仁、刘辅国带领起义军向腾越府台衙门进攻，杀了清总兵，使新军七十六标第三营与巡防营反正，腾越、保山光复。

1911 年 10 月 30 日（农历九月初九）在昆明爆发的"重九"起义，"是除首义的湖北以外，独立各省革命党人组织的省城起义中，战斗最为激烈，代价也最巨大的一次"②。云南陆军讲武堂的师生成为这场惊险又猛烈的战斗中的主力，史学家们历来都承认"以战功卓著者，必称讲武堂生"③。在重九起义中参与战斗的不仅有中国同盟会的成员、讲武堂的教官李根源、李鸿祥、顾品珍、黄毓英、刘祖武、谢汝翼、庾恩旸等人，讲武堂的大部分学员也在蔡锷、李根源等

① 云南省社会科学院，贵州省社会科学院历史研究所．护国文献（上）．贵阳：贵州人民出版社，1985：10.

② 章开沅，林增平．辛亥革命史（下）．北京：人民出版社，1981：145.

③ 李晓明，史亚黎．辛亥革命在云南：云南之光·百年辛亥回眸．昆明：云南美术出版社，2013：84.

人的领导下加入了战斗，他们在战场身先士卒、冲锋陷阵，挥洒满腔的报国热情。起义途中包括李根源在内的多名军官虽然身负重伤但仍坚持战斗，不退一步。讲武堂的学员奋起围攻云贵总督府和军械局，与清军在梅园巷激战，更有师生在攻打五华山时英勇就义。讲武堂毕业生文鸿揆进攻军械局，身中百余弹，壮烈牺牲；董鸿勋、包建顺、徐时云、姚小由、刘增祜等顽强作战，誓死不下火线；范石生、杨蓁随卫蔡锷，机智果断；朱德当机立断，勇追逃兵，劝降队伍，因此得到蔡锷赏识，被提拔为连长，率队攻打总督府，生擒云贵总督李经羲……

在昆明“重九起义”爆发时，云南陆军讲武堂军事教官、中国同盟会会员赵又新正担任驻临安南校场的新军第七十五标教练官，他与讲武堂甲班毕业生及队官何海青、讲武堂特别班到七十五标见习的赵逢源，以及一众讲武堂毕业生盛荣超、吴传声、高荫槐、张绍楷等人在新军中宣传革命思想，秘密发展了许多革命党人，于 1911 年 11 月 1 日晚 7 点左右，联合建水富绅朱朝瑛发动了“临安起义”，迅速占领了临安府署和标本部。翌日清晨 6 点，革命军光复临安城。随后，云南起义军一路势如破竹，先后攻下了蒙自、个旧等地，“剿辅兼施，诛叛兵数百，杀叛将李镇邦，南防遂定”①。至此，云南省的辛亥革命取得了圆满成功。

---

① 李晓明，史亚黎．辛亥革命在云南：云南之光·百年辛亥回眸．昆明：云南美术出版社，2013：87.

### （二）恢复共和——护国战争

辛亥革命取得成功，举国上下欢欣鼓舞，百废俱兴。但好景不长，中华民国成立后，孙中山担任临时大总统还不到一百天的时间，便被袁世凯逼迫卸任，辛亥革命的果实最终被袁世凯及北洋军阀所窃取。袁世凯上位后，一直试图恢复封建帝制，先后派兵讨伐革命党，进攻南京、江西等地，血腥镇压“二次革命”。1915 年 1 月 18 日，日本向袁世凯提出签订“二十一条”。袁世凯为了取得日本的支持，于 1915 年 5 月 25 日同日本签订了“二十一条”的修正案——《中日民四条约》，激起了全国人民的愤怒。

在这种情况下，孙中山先生发表讨袁宣言，号召全国各地的革命党人奋起反抗，打倒袁世凯。1915 年 12 月，被袁世凯扣在北京的蔡锷在重重掩护下，历经艰难终于回到昆明，随即便与李烈钧、方声涛、熊克武、唐继尧等人紧锣密鼓地举行反袁斗争的会议，进行筹备工作。12 月 23 日，云南发出《致袁世凯请取消帝制并严惩帝制祸首电报》，要求袁世凯取消帝制，恢复共和，诛杀帝制祸首。但袁世凯冥顽不灵，没有做出任何答复。于是，1915 年 12 月 25 日上午 10 点，云南通电全国，宣告云南独立。1916 年元旦，云南护国军高举护国首义的大旗，在昆明举行誓师大会，通电各省，宣布出兵讨袁护国，获得了云南各界人士的一致拥护，护国战争正式在昆明发动。

同样地，护国军的领导者和指挥员大多都是讲武堂师生。护国第 2、第 3 军总司令李烈钧、唐继尧是讲武堂的教官，第 1 军总司令蔡锷也曾以兼职教官的身份在讲武堂上过课。云南省档案馆2017年编著的《滇军抗战史话》记载：在护国军的3个军中，参谋长、梯团长、支队长和营长共有69人，其中讲武堂师生就占了59人，达到总数的85%以上，下级军官也大部分是毕业于陆军讲武堂的学员。在蔡锷的率领下，护国军第1军向四川进军，与赵又新、朱德指挥的小队在四川及湘西战场取得大捷。同时，由李烈钧指挥的护国军第2军与唐继尧任总司令的护国军第3军互相配合，取得了滇桂边境和两广之战的胜利。云南护国三军捷报连连，极大地鼓舞了全国各地的反袁斗争，粉碎了袁世凯复辟帝制的阴谋。在云南省宣布脱离袁世凯统治之后，各省陆续宣布独立。1916年7月10日，云南护国军进驻成都，标志着护国战争取得了全面胜利。

### （三）抗日救国——滇军出征

全面抗战初期，仅有1700万人口的云南先后派出了42万子弟兵奔赴抗日前线。由云南滇军组成的第60军、第58军、新3军、老3军从云南出发，辗转山东、山西、湖北、江西、浙江、江苏各省大小战场，经历成百上千次的浴血奋战，伤亡官兵10万余人，为中国抗日民族解放战争做出了巨大的牺牲和贡献。

滇军的前身是清政府设立的新军，经过“革命熔炉”——陆军讲武堂的熔铸，在云南辛亥武装革命的锻炼下，演化成被誉为“民国劲旅”的“滇军”。在出滇抗日的40多万滇军中也包括来自云南陆军讲武堂的众多师生。

1937 年 8 月，云南省政府主席龙云乘专机赴南京参加国防会议，与昔日讲武堂同窗朱德、叶剑英商议后达成共识，积极响应一致对外的抗日主张。回到云南后，龙云迅速筹备，在 28 天内就组建起滇军第 60 军，任命卢汉为军长，安恩溥、高荫槐、张冲分别为第 182 师、第 183 师、第 184 师的师长，军长卢汉及各级主要军官大多为讲武堂师生。1937 年 10 月 5 日（重阳节），滇军 60 军在昆明南郊巫家坝机场誓师出征，徒步行军 48 天，终于到达湖南常德整装待命。1938 年 4 月，第 60 军奉蒋介石的命令从武汉奔赴台儿庄，首战陈瓦房之战就有 500 余人为国捐躯，成功阻止了日军攻入陈瓦房的计划。

提到台儿庄战役，人们普遍想起的就是著名的“台儿庄大捷”。但事实上，台儿庄战役分为两个阶段，第一阶段是 1938 年 3 月上旬至 4 月上旬，正是在这一阶段，中国军队取得了众所周知的胜利；第二阶段则是 4 月 8 日之后，日军从上一场战争的失败中意识到中国军队的实力不可小觑，也是为了报复中国军队，于是对徐州发起了猛烈反扑。据历史记载，日本人一共调集了多个师团、上百辆坦克、300 多架飞机，30 多万敌人前后分成六路包围徐州。任何一个与日军正面对抗的部队面临的将会是疯狂而残忍的袭击，情况十分危急。

当时，卢汉率领的第 60 军在行军途中突然接到蒋介石的调令，要求第 60 军赶到徐州会战战场，支援李宗仁的部队。彼时，在日军的猛烈攻击下，台儿庄前线吃紧，形势危急，第 60 军星夜行军奔赴徐州，在到达目的地后却无人接应。部队由于调令突发而被打乱，滇军只能在情况晦暗不明、一片混乱的情境下仓促应战。第 60 军 1081 团第 2 营先锋营率先进入陈瓦房探路，不料与日军的搜索小队狭路相逢，当即展开一场恶战。毕业于云南陆军讲武堂的第 2 营营长尹国华带领先锋营的五百壮士誓死不退，最终无一生还，战斗之惨烈无以言表。当援兵赶到时，小小的村庄已被密密麻麻的日军包围得水泄不通，土地和房子在枪炮轰炸和坦克的碾压下，成为一片焦土，鸡鸭猫狗等牲畜也全部被炸死。先锋营的战士以鲜活的生命为大部队在台儿庄前线抢占要点，迅速展开战斗赢得了宝贵的时间。随后在台儿庄附近的邢家楼、五圣堂保卫战中，云南陆军讲武堂第七期学员，滇军第 542 旅旅长陈钟书部遭遇日军强攻，为对抗冲入阵地近处的日军，陈钟书率领将士以身肉搏，用刺刀拼杀，守住了前沿阵地。在追杀逃窜日军的过程中他不幸被流弹击中，英勇牺牲。在以禹王山为中心的战斗中，滇军将士配合徐州战区长官部的战役组织，坚持了 27 天的阵地战，造成了日军的重大伤亡，巩固和加强了第 60 军在台儿庄之战中的全线防御，粉碎了日军渡过运河威胁徐州的企图，被作为优秀战例编入国民党的军事教材。日本报纸描述这场战役为“自‘九一八’与华军开战以来，遇到滇军猛烈冲锋，实为罕见”①。在坚守台儿庄的 27 天中，第 60 军付出了巨大的代价：参战人员 35123 人，伤亡 18844 人②；全军伤亡大半。

---

① 云南省档案馆. 滇军抗战史话. 昆明：云南民族出版社，2017：84.
② 云南省档案馆. 滇军抗战史话. 昆明：云南民族出版社，2017：2.

“1938 年春，龙云再次组编滇军参加抗战。这支滇军队伍的番号为国民革命军第 58 军，军长孙渡，刘正富、鲁道源、龚顺璧分别任新 10 师、新 11 师、新 12 师师长。”① 其中，孙渡、刘正富、鲁道源均毕业于云南陆军讲武堂。“1938 年 7 月 24 日，第 58 军在昆明举行隆重的誓师出征大会后，开赴抗日前线。抵湖北崇阳，奉令进行整训，与驻守崇阳的第 60 军合编，滇军随即改编为第 30 军团，卢汉为军团长。1938 年 10 月 1 日，国民政府军事委员会下令成立第 1 集团军，由龙云兼任总司令，卢汉代职。将第 60 军的第 183 师与第 58 军的新 12 师抽出，组编为新 3 军，以第 184 师师长张冲升任军长，安恩溥升任第 60 军军长，第 1 集团军下辖安恩溥的第 60 军，孙渡的第 58 军，张冲的新 3 军。”② 整训完毕后，第 1 集团军即开赴江西南昌地区抗击日寇。

1939 年到 1940 年，第 1 集团军先后参加了武汉会战、崇阳战役、南昌会战奉高战役、反攻南昌战役、赣北秋季进攻战役、赣北锦江南北岸战役、湖北九岭战役、第二次长沙会战、第三次长沙会战、浙赣会战、收复常德战役以及长衡大会战等著名战役，威震第九战区。在赣北、湘北的历次攻防战斗中，第 58 军获“常胜军”的荣誉称号。在锦江防守的战斗中，孙渡、鲁道源表现出卓越的军事指挥才能，他们发挥滇军吃苦耐劳、善于爬山涉水的优点，经常组织小部队涉水渡

---

① 云南省档案馆．滇军抗战史话．昆明：云南民族出版社，2017：3.

② 云南省档案馆．滇军抗战史话．昆明：云南民族出版社，2017：3.

江奇袭敌人，伏击由靖安、奉新进出南昌的敌军车辆，多次受到战区长官部的嘉奖。在1940年12月收复九岭的战斗中，孙渡指挥得当，鲁道源身先士卒率部拼杀，收复了九岭一线阵地，体现出滇军的英勇善战。“1941年12月29日，日军集结重兵向长沙进攻，第58军奉命逐次抵抗，诱敌深入。在长官部调配部署完毕后，撤出阵地迂回占领东、西影珠山，切断日军补给线并断其退路。新3军奉命于赣北阻击敌人，为第三次长沙会战的胜利立下不朽功勋。在著名的常德会战中，第58军配合友军收复常德，滇军再度威震华中。”①

以滇军为主力的老3军（国民革命军第3军，由护国第2军演化而来），抗战爆发后即奉命调往华北战场，是最早奔赴抗日前线的滇军。1938年7月至1941年4月，老3军奉命驻守山西南部的中条山，与友军并肩作战，粉碎了日军13次大规模进攻，功勋卓著。1941年5月，日军组织了6个师团、近4个混成旅、3个飞行团10万余人，分东、西、北三面“以钳形并配合中央突破之方式”进犯中条山地区。云南陆军讲武堂丙班2队，朱德总司令的同班同学，老3军军长唐淮源在敌我力量悬殊，并被敌军重兵包围的情况下，仍英勇战斗，决不退让，以身殉国。同样毕业于讲武堂的同盟会会员，老3军第12师师长寸性奇也在这场战役中献身沙场。中条山战役，老3军几乎伤亡殆尽，谱写了一曲中华民族用血肉铸就新长城的壮烈悲歌。国民政

---

① 云南省档案馆．滇军抗战史话．昆明：云南民族出版社，2017：3.

府发布文告，称唐淮源、寸性奇的精神，是发扬了“公忠体国不骄不怯的云南精神”①。在1944年6月的豫湘桂战役中，第79军与日军激战衡阳，讲武堂第14期毕业生，军长王甲本率余部与敌在东安县山口铺肉搏，壮烈牺牲。除了正面战场以外，在抗日民族统一战线中，中国工农红军主力改编为国民革命军陆军第八路军，曾跟随滇军发动重九起义、护国战争和北伐战争的朱德、叶剑英分别任第八路军的总指挥和参谋长，率领八路军和新4军开辟敌后战场，建立累累功勋。

上述将领从四面八方而来，汇聚于云南陆军讲武堂。他们怀着同样的赤子之心，在年少时背井离乡，甚至不远千里来到昆明求学，考入讲武堂苦练一身本领，在国家危难之际挺身而出，誓死抵抗日本侵略者，为中华民族的独立和解放做出了伟大贡献。

云南陆军讲武堂影响深广，从祖国的西南到东北，从1909年到1949年，讲武堂师生始终活跃在中国革命的阵地上。云南陆军讲武堂这所脱胎于清代腐旧势力之下的军校，在众多爱国义士和进步青年的不懈努力下，犹如耀眼的火炬，点亮祖国的西南边陲，锻造出一批批胸怀天下、心系民众的英才，并以其强大的精神感染力影响觉醒的国民，泛起人们心中关于民主和革命的亮光，为抗日战争胜利后的云南和平解放奠定了坚实基础，做出了重要贡献。由此，朱德元帅将云南陆军讲武堂称为“革命的熔炉”。

---

① 云南省档案馆．滇军抗战史话．昆明：云南民族出版社，2017：4.

## 二、星火燎原——环翠湖片区主要革命事件

翻阅史书我们会发现，因云南偏居边陲，北伐战争、抗日战争和解放战争等战争的主战场均不在昆明。但硝烟弥漫的年代，云南人民从未退缩，毫不犹豫地将抗战救国视为己任，积极投身于省内外革命洪流当中。

除讲武堂以外，环翠湖片区也切切实实经历了革命洗礼，主要事件按照时间顺序分别是：1926 年建立在翠湖畔的党支部在云南扎下了共产主义的根基；北门书屋和北门出版社的建设体现了人们对进步和民主的追求；1945 年的“一二·一”大游行是对云南革命传统的继承，彰显了革命者的斗争意志；五华山下的昆明起义则是对重九起义的遥远呼应，二者分别为云南近代革命史的开端和尾声。在此之后，昆明解放，云南踏上了一条新的道路……

### （一）革命火种——中共地下党建党

在繁华的昆明市中心，车水马龙的青年路一旁，有一条朴素幽深的小巷，名为节孝巷。巷中一座小小的院落，青瓦白墙，红漆木门，看似其貌不扬，实则大有来头——这里就是红色火种在云南落地生根之地。

“1926 年 11 月 7 日晚，在昆明平政街节孝巷 24 号（现改为 55 号）周霄家中，召开中共云南省第一次党员会议，建立中共云南特别

支部（简称特支）。到会的有李鑫、周霄、吴澄、杨淑德等。”① 但由于该处人多眼杂，于是特别支部的会场从节孝巷55号搬到节孝巷39号。节孝巷55号在抗日战争时期被炸毁，39号则历经百年沧桑保存至今，被定为中共云南地下党建党旧址。1961年，旧址被列为昆明市文物保护单位。1987年12月21日，节孝巷39号中共云南地下党建党旧址被列为第三批省级文物保护单位。1991年6月，在中国共产党成立70周年之际，旧址内开办了“中共云南地下党建党史迹展”并对外展出。1997年，该旧址被命名为云南省省级爱国主义教育基地。

第一次党员会议的主持人李鑫（1897—1929）出生于云南保山龙陵县的一个农民家庭，1920年考入南京东南大学农学系，1924年转到北京国立农业大学园艺系就读。1925年，李鑫同王德三、王复生等人一道创办青年进步组织——“云南革新社”（后改为“新滇社”）。社员主要以在京的云南学生为主，在学习期间共同研习马列主义并创办进步刊物。在加入中国共产党的第二年，也就是1926年的夏天，李鑫随新滇社南下广州，正式投身革命事业。在广州时，李鑫学习积极，经常到毛泽东主办的农民运动讲习所听课，曾受到毛泽东和陈延年的赞赏。

1926年8月，中共广东区委派李鑫回云南开展工作，先后发展了

---

① 云南地方志编纂委员会，中共云南省委员会办公厅．云南省志·中共云南省委志·上卷．昆明：云南人民出版社，2000：121.

吴澄、严英武、杨静珊加入中国共产党。同年 10 月，中共广东区委又派遣云南籍党员周霄和黄丽生到昆明与李鑫汇合，共同筹备特别支部的工作。特别支部成立后，成员们积极团结和发动群众，联合社会各界，发展统一战线。以昆明为中心，李鑫多次深入农村组织农民运动、工人运动。吴澄是云南省第一位女共产党员，也是云南妇女运动的杰出领导者，在上级党组织的指导下领导了多次学生运动和妇女运动。

特别支部在昆明开启了云南革命的浪潮，推动了“四镇守使倒唐”事件的发生。1927 年 2 月 6 日，龙云等四镇守使共同发动“二六”政变，结束了唐继尧在云南 14 年的统治。1927 年 3 月，王德三等 10 多名共产党员受中共广东区委指派来到昆明，在特别支部的基础上建立了中共云南特别委员会，王德三任书记。

在节孝巷小院召开的第一次党员会议，踏出了云南省红色革命征程的第一步，云南各界人民群众从此在中国共产党的领导下走上了新的革命道路，在云南的红土地上燃起了轰轰烈烈的燎原之火。

### （二）反对内战——“一二·一”运动

在中国青年运动史上，“一二·一”运动是继“五四”运动和“一二·九”运动之后树起的第三个里程碑，也是中国新民主主义革命历史上不能忽略的一个关键片段。

昆明城的青年人敢于斗争，善于斗争。早在 1944 年，昆明的青年学生就曾发起过“保卫五四青年节”运动。“国民党政府专断独裁，单方面宣布将中国青年节由5月4日改为农历三月二十九日（公历4月27日，黄花岗起义日），这引起了西南联大教授和同学们的一致愤慨。为此，联大进步学生举办了一系列纪念五四青年节的活动，学生们也把这一天称为‘联大民主精神复兴的一天’。此后，昆明各高校一起召开了七七抗战七周年的时事晚会、护国首义纪念大会。”①1945年，联大学生又举行了规模更大的五四纪念周活动，“整整七天，活动一个接着一个，安排得满满的：音乐会、诗歌朗诵会、文艺晚会、学术讨论会、座谈会、纪念会，内容丰富多彩。联大新校舍大门两侧被称为‘民主墙’，上面贴满了各种壁报，琳琅满目。除了三青团办的几个之外，各个社团还有27个壁报；此外还有八版联合壁报，上面有18位教授访问记，声势浩大地贴在图书馆前的墙上。”②这些活动锻炼了学生们组织运动的能力，积攒了丰富的经验，为“一二·一”运动奠定了基础。

1945年8月，中华儿女经历多年艰苦抗战，终于打败了日本侵略者，抗日战争最终取得了胜利。举国上下一片欢腾，满怀重建家园的美好期待。和平发展是人民心之所向，民主平等是世界大势所趋。然而蒋介石却不顾大局，一意孤行，坚持国民党一党专政，并且在美国的支持下开始发动内战。1945年，国共两党签订的《双十协定》墨迹未干，国民党便背信弃义，向华北、东北、华东、华中各解放区发

---

① 吴宝璋．近代云南文化史．桂林：广西师范大学出版社，2020：161.

② 吴宝璋．近代云南文化史．桂林：广西师范大学出版社，2020：161－162.

动进攻。

1945 年 10 月 3 日，蒋介石下令武装改组云南省政府，迫使龙云到重庆就任军事参议院院长，为进一步镇压爱国民主运动做准备。11 月 5 日，毛泽东号召“现在的中心问题，是全国人民动员起来，用一切方法制止内战”①。处于全国民主运动中心的昆明青年首先行动起来，迅速投入反内战、争民主的运动中。11 月 19 日，重庆各界代表如郭沫若、沈钧儒等 500 余人在重庆发起反内战大会，成立陪都各界反内战联合会，呼吁国民党统治区的人们站起来反对蒋介石的内战政策，为了国家和民族的长远利益，拒绝美国干涉中国内政。11 月 25 日晚，由西南联大、云南大学、中法大学和省立英语专科四所高校的学生自治会联合发起，昆明大中学生及社会人士在西南联大大草坪召开反内战、呼吁和平的时事晚会，到会者达 6000 多人。民主战士吴晗、周新民、闻一多都参加了讨论会并作了相关讲演。西南联大教授钱端升、伍启元、费孝通和云南大学教授潘大逵先后就和平民主、联合政府等问题发表了题为《对目前中国政治应有的认识》《财政经济与内战关系》《美国与中国内战之关系》和《如何制止内战》的演讲，呼吁迅速制止内战，成立联合政府。演说正进行时，包围会场的国民党军队突然用冲锋枪、机关枪、小钢炮朝着人头攒动的学生会场上空射击，企图恐吓在场师生。

---

① 毛泽东选集第四卷．北京：人民出版社，1966：1114.

为了对国民党的蛮横行径表示抗议和谴责，从 26 日起，昆明市大中学校共计 3 万余学生为反对内战和军警暴行相继实行罢课，提出立即停止内战、撤退驻华美军、保障人民民主权利、建立民主联合政府等口号。学生们组织了 100 多个宣传队上街宣传，国民党特务却对手无寸铁的学生进行殴打和追捕，导致许多学生受伤。

12 月 1 日，大批国民党特务和军队分途围攻西南联大和云南大学等高校，毒打学生和教师，并向学生集中的地方投掷手榴弹，炸死了南菁中学的青年教师于再，西南联大学生潘琰、李鲁连和昆华工校学生张华昌等 4 人，重伤 29 人，轻伤 30 多人，制造了震惊全国的“一二・一惨案”。

“一二・一惨案”发生后，愤怒的昆明师生不仅没有丝毫退缩，而是更进一步扩大了反内战、争民主的运动规模，与国民党政府的强权镇压正面对抗，毫不畏惧敌人手中的子弹和枪炮。在继续坚持罢课的同时，学生组织每天派出多个宣传队到街头、工厂和郊区农村进行反内战、争民主的宣传工作。

从 12 月 2 日起，昆明为在“一二・一惨案”中牺牲的四烈士举行公祭。消息扩散开来，全国各地学生备受振奋，纷纷举行集会游行，声援昆明学生的正义斗争。延安各界举行群众大会，周恩来在会上代表中共中央赞扬“青年是争取和平民主的先锋队”，指出“我们正处在新的‘一二·九’时期，昆明惨案就是新的‘一二·九’”①。中国民主同盟、三民主义同志联合会等民主党派、陪都各界反内战联合会及各界知名人士，也先后发出声援函电；重庆、成都、上海、遵义等城市都兴起了群众性的声援活动。

西南联大的教授吴晗撰写《一二·一惨案与纪纲》一文，对国民党政府的暴行作出了无情的揭露：“昆明三十万市民明明白白，清清楚楚，谁发出非法的禁止集会的命令，谁使军队包围以及开火，谁在组织反罢课委员会，谁指派特务捣毁学校，谁给的手榴弹，谁下令屠杀学生。”②“政府要保持纪纲，必得先明白是谁在破坏纪纲。就昆明市民所知，学生确乎尽了保持纪纲的能事，从二十五日晚到今天，秩序井然，对内有组织、有纪律，对外用文字的宣传，用口头讲演呼号，反对内战，要求和平民主团结。反内战无罪，要求和平民主团结，不但无罪，而且有功。他们没有闯入任何场所，恣意捣毁，以至杀人抢劫。他们没有造谣生事颠倒黑白。他们没有沿街殴打，扰乱秩序，甚至他们根本没有罢课游行的准备。罢课是军队武装干涉逼出来的，是用木棍，用手榴弹屠杀逼出来的。”③“反之，造成现在‘社会与学校无政府的状态’，破坏纪纲的是本月一号以前的党政军当局。

① 周恩来在延安纪念“一二·九”运动10周年的讲话．新华日报，1945年12月13日．

② 一二·一运动史编写组．一二·一运动史料选编（上）．昆明：云南人民出版社，1980：188.

③ 一二·一运动史编写组．一二·一运动史料选编（上）．昆明：云南人民出版社，1980：188－189.

要正纪纲，得先正他们。要不贻国家之羞，先得严惩他们。”① “用正规军，用便衣特务，攻入学校，用美造手榴弹屠杀学生，甚至殴击抢劫抬送伤者、死者的医生和看护。试问这是什么法纪？见于那一种法典的法纪？”②

这场声势浩大的运动长达一个半月的时间，参加公祭的各界人士有 15 万人，将近 700 个团体。在广大人民群众的支持下，“一个以学生为主，社会各阶层参加的反内战、争民主的爱国运动，席卷了整个国民党统治区。”③ 1946 年 3 月 17 日，昆明大中学校 3 万学生举行隆重的四烈士盛大出殡仪式。四烈士出殡时，闻一多与吴晗先生怀着极大的悲愤参加了出殡大游行，走在队伍的最前面。为了哀悼因“反内战，争民主”而无辜受害的四位年轻的学生，面对着葬礼上众多的青年学子，闻一多发表了演讲：“今天我们在死者的面前许下诺言，我们今后的方向是民主，我们要惩凶，关麟征、李宗黄，他们跑到天涯，我们追到天涯，这一代追不了，下一代继续追，血的债是要血来偿还的！”④ 全国学生和昆明市民对昆明学生的支持和声援，有力地打击了国民党反动派的气焰，迫使国民党“公审”并枪决了杀害学

① 一二・一运动史编写组．一二・一运动史料选编（上）．昆明：云南人民出版社，1980：189.
② 一二・一运动史编写组．一二・一运动史料选编（上）．昆明：云南人民出版社，1980：189.
③ 吴宝璋．近代云南文化史．桂林：广西师范大学出版社，2020：29.
④ 右江．你们死了，还有我们：一二・一民主运动纪念集．上海：镇华出版社，1946：183.

生的凶手，并免去了国民党云南省党部主任委员、代理省主席李宗黄的职务。至此，整个运动结束。

1946 年 7 月 15 日，闻一多在李公朴的追悼会上说：“‘一二·一’是昆明的光荣，是云南人民的光荣。”① 因为这件事是云南近代历史也是中国近代历史上的重大事件，充分体现了昆明人民、云南人民敢为天下先的大无畏精神，率先行动，引领全国。他在《一二·一运动始末记》中提到：“死难四烈士的血给中华民族打开了一条生路”，“在这些日子里，昆明成了全国民主运动的心脏，从这里吸收着也输送着愤怒的热血的狂潮。”②

1945 年昆明的“一二·一”运动揭露了国民党反动派发动内战的阴谋，揭开了解放战争时期第二条战线斗争的序幕。在抗日战争胜利后攸关国家前途命运的历史转折期，国民党统治区的民主运动正处在发展阶段中。作为其中一个意义非凡的成功案例，中国共产党领导的“一二·一”运动鼓舞振奋了全国人民反内战、争民主的决心，昆明“一二·一”运动的成功对接下来全国解放战争的胜利具有深远的影响。

1995 年，为了纪念“一二·一”运动，昆明将环城北路西自西站立交桥、东到小菜园立交桥的这一段路程命名为“一二一大街”，在一二一大街上的云南师范大学（原西南联大旧址）的东北角，牺

① 闻一多全集：散文、杂文．武汉：湖北人民出版社，1994：450.
② 闻一多文集：散文、杂文卷．北京：群言出版社，2014：184.

牲于 1945 年的四位烈士在此地长眠。

### （三）民主之家——北门书屋

北门书屋位于北门街 68—70 号，1983 年被列为昆明市文物保护单位。抗日战争时期，著名学者、民主人士李公朴在这里开办北门书屋，出售进步书刊，影响和培养了众多民主人士和有志青年，为之后云南的民主解放运动奠定了一定基础，因此被誉为“民主之家”。

皖南事变后，在国民党白色恐怖的威胁之下，为防止国民党当局对革命人士、民主人士的迫害，中共南方局书记周恩来安排革命者、民主人士、作家、学者、进步青年转移。1941 年，李公朴受周恩来委托到云南宣传抗战。到昆明不久，他就结识了一众有志之士如张冲、楚图南、郑乃斋、冯素陶、张天放、闻一多、孙起孟、周新民、李文宜等，以及西南联大、云大有名的教授、学者。李公朴先后还组织了“青年读书会”，出版《青年周刊》，参加了昆明知名人士组成的“九老会”。该会由孙起孟发起，因最初只有九人，故称“九老会”。他们以聚餐为名，评论时政，提倡抗日、民主。李公朴是其中的活跃分子，经常发表独到的见解。

在众多民主人士的支持下，李公朴 1942 年 12 月搬迁到位于北门街的一间由昆明商会会长李琢庵免费提供的商铺，并在此地开办了“北门书屋”①。当时，昆明各个高校的学生和社会人士纷纷到书店来

---

① 李永顺．昆明的前世今生．昆明：云南美术出版社，2015：123－124.

购买书籍，甚至连滇南和华宁的地下党员也经常到北门书屋订购进步书刊。1944年，李公朴又在“北门书屋”对面开办“北门出版社”，仍是以出版发行各种进步书籍为主。“北门出版社送审书刊，常被国民党当局无礼扣押，删改，不能公开出版，只好暗中分送有联系的读者。”①

北门出版社汇集了众多民主革命人士和文化名流，有诗人、作家、翻译家、科学家，包括张光年、楚图南、闻一多、曾昭抡、潘光旦等，先后出版了苏联名著《新时代黎明》《高尔基》，艾青的《献给农村的诗》《人民的歌》，以及张光年搜集整理的云南彝族阿细人史诗《阿细的先基》，张光年与叶以群共同主编的一套民主文艺周刊，还有一集由茅盾、何其芳、曹靖华、姚雪垠、楚图南、闻一多等执笔的《文艺的民主问题》，对当时文艺的民主问题提出了尖锐而深刻的意见。北门书屋不仅是昆明文化界名流的聚集地，更是民主进步思想的传播中心。在北门出版社成立两年多的时间里，共出版文艺作品、翻译小说、诗集、文学评论、少数民族地区考察记，以及青年读物等30余种。除了公开出版物以外，还秘密出版了毛泽东和朱德撰写的革命书籍如《新民主主义论》《论联合政府》《论解放区战场》等，还印制了大量革命宣传材料和党的文件，帮助民主思想和共产主义的传播，对昆明地区乃至云南的解放起到了巨大作用。

---

① 朱净宇．新编昆明风物志．昆明：云南人民出版社，2001：308.

1946 年 7 月 11 日晚十点左右，李公朴先生偕同夫人张曼筠女士乘公共汽车返回住所，在青云街车站下车后行至大兴坡（学院坡）时，被尾随多时的国民党特务枪杀。由于伤势较重，抢救无效，于次日凌晨 5 时 20 分牺牲。李公朴先生牺牲后，反动势力越发猖獗，北门书屋和北门出版社也被迫停止营业。直到 1961 年，昆明市人民委员会将北门书屋旧址公布为昆明市重点文物保护单位，曾经的“民主之家”——北门书屋才重新回到大众视野。

为了纪念爱国民主烈士李公朴先生，民盟云南省委于 1986 年 7 月修建了“李公朴殉难处纪念碑”，后因城市发展工程建设暂时拆迁。2004 年 7 月 13 日上午，重建的“李公朴殉难处纪念碑”在昆明市青云街大兴坡脚的翠明园门口（圆通街 1 号）正式落成。纪念碑占地面积 6 平方米，碑身系石质，长 100 厘米，宽 30 厘米，厚 12 厘米，正面刻有“李公朴先生殉难处”八字。位于闹市中央的这座纪念碑朴素却庄严，时刻提醒着来往行人铭记李公朴先生的一片丹心，不负革命先烈的无畏无惧。

### （四）解放开端——昆明起义

坐落在昆明市五华区翠湖南路 4 号的昆明卢氏公馆，是近代昆明地区遗留下来的较为完整的法式花园别墅，多年来一向凭借着它别具格调的异域风情和精致考究的外形在翠湖畔静静地散发着神秘气息。打开尘封的档案，你会惊讶地发现这座小楼更加吸睛之处在于它独一无二的过往——70 多年前，卢汉正是在这里策划并实施了昆明和平起义，迈出了云南省全境解放的第一步。

卢汉与龙云是表兄弟，二人一同进入陆军讲武堂学习。毕业后卢汉在“云南王”龙云麾下效力，1928 年至 1931 年任云南省政府财政厅长；抗日战争爆发后率领滇军出滇抗日，为中国抗日战争做出巨大贡献；1945 年 12 月接替龙云任云南省政府主席。

1949 年 10 月 1 日，中华人民共和国宣告成立。人民解放军一路南下，以破竹之势陆续解放了贵阳、遵义、重庆、南宁等地，在国民党军队纷纷溃败外逃的情势下，蒋介石派张群做卢汉的工作，想让国民党国防部等迁入昆明，将云南省政府、绥靖公署迁往滇西，把昆明作为国民党最后的反攻基地。在遭到卢汉的拒绝后，蒋介石将陆军总司令部部分直属部队及一些军事机构派入云南，企图强行夺取昆明及云南的控制权。

但早在 1949 年 2 月下旬，卢汉就委托与中共有联系的民主人士宋一痕向中共中央香港分局递交了致毛主席、朱德总司令的信件，明确表示了反蒋的政治态度，要求中央派代表到云南，以及与中共中央建立电讯联系等问题。5 月，中共中央东北局选派了原滇军军官，人民解放军第 50 军代理参谋长张秉昌回昆明，向卢汉转达了中共中央争取卢汉起义的意见。6 月，朱德、叶剑英、李克农又委派原国民党军官、云南傣族人士周体仁以“解甲归田”为名回到昆明策动卢汉起义。同年 7 月，卢汉派代表宋一痕到北平，表示愿意反蒋起义，接受中国共产党的领导。

1949年12月8日，卢汉得知蒋介石已经对自己起了疑心，当即决定于次日起义，并向中共昆明地下组织通报消息。12月9日下午，国民党第8军军长兼第六编练司令部司令李弥、第26军军长余程万、国民党西南军政长官张群、云南省第93军中将军长龙泽汇乘飞机返回昆明。卢汉随即软禁了张群，并借张群之名邀请国民党当局驻滇的军政首脑于当晚9点到老卢公馆开会，共商应付时局的对策。为保证计划万无一失，他还特意在下午7点在新卢公馆设宴招待美、英、法驻昆领事以迷惑蒋介石的耳目。

接到卢汉的会议通知后，第8军军长李弥、第26军军长余程万、第193师师长石补天、宪兵副司令李楚藩、西南宪兵区指挥部参谋长童鹤岑、空军第5军副司令沈延世、军统云南站站长沈醉等要员，均按时赴会。这些人一到卢公馆即被解除武装，本人与随行人员也被巧妙分开隔离。他们等到9点半，还不见卢汉和张群的影子，心中颇感狐疑。9点50分，卢汉下令兵分两路举事，一路将公馆外李弥等人的副官、卫士、司机全部缴械扣留，另一路逮捕与会的反动军官。

正当李弥等人惴惴不安之时，云南省政府警卫营营长李青龙带队进入会议室；与会人员不疑有他，正欲起身欢迎卢汉等人，却听李青龙一声令下："奉命检查！""举起手来，不许动！"李弥、余程万等人随即束手就擒，被押上五华山光复楼软禁起来。

顺利解决国民党中央在云南军政要员后，卢汉于当晚10点整，在光复楼主席办公室向全省和各部队正式宣告："我现在宣布，云南起义了。昆明全市实行紧急戒严，各单位按照原计划开始行动。”①并致电报告中共中央，宣布云南和平起义成功，暂组织临时军政委员会，维持地方秩序，听候中央人民政府的命令，同时向全省发布了起义安民布告。

卢汉率领滇军第93军、74军及全省保安团队以及云南省、昆明市政府，脱离国民党阵营归向人民民主阵营。随后，全省各地迅速响应起义，在中共地方党组织、中国人民解放军桂滇黔边纵队（简称“边纵”）和南下的解放军的共同配合下，昆明保卫战和滇南战役均取得胜利。1950年2月20日，中国人民解放军第4兵团在陈赓、宋任穷、周保中等人率领下进驻昆明。2月24日，云南省地师以上领导干部会议在昆明市庾园召开，中国人民解放军第二野战军第4兵团司令员陈赓宣布云南解放、中国共产党云南省委员会成立。

卢汉领导的昆明起义粉碎了蒋介石企图利用云南险峻的地理优势顽固坚守、反攻翻身的美梦，加速了蒋家王朝的灭亡。云南解放推进了全国解放和建设新中国的进程，云南各族人民饱受压迫的历史彻底结束，从此走上了一条和平繁荣的发展之路。

昆明卢汉公馆（现更名为昆明卢氏公馆）始建于20世纪30年代，除了豪华精美的建筑风格和装饰艺术以外，最重要的是它见证了云南历史上险象环生的和平起义的完整经过，具有极高的历史文化价

① 云南省档案馆．建国前后的云南社会．昆明：云南人民出版社，2009：125.

值和纪念意义。2003 年，云南省人民政府将其公布为云南省文物保护单位。后来，五华区人民政府在原建筑的基础上将其改造为云南起义纪念馆，作为著名的爱国主义革命教育基地，于 2019 年 7 月 1 日正式向公众开放。2019 年 10 月 7 日，卢汉公馆入选第八批全国重点文物保护单位名单。

纪念馆内设立展板，图文并茂地介绍了卢汉策划云南起义的整体经过。展柜呈列多样与起义相关的或与卢汉从军经历有关的文物，并在公馆的房间内重新布置了其生活工作的场景，用人物蜡像复原了起义当晚会客厅中卢汉扣押各国民党军官时剑拔弩张的惊险场面。

云南起义纪念馆的设立是对卢汉舍身为民、果敢卓绝的爱国精神的赞颂，也是对云南和平解放所取得巨大贡献的肯定，不仅有利于历史文物的保护和再利用，也有利于进一步发掘其深厚的文化育人价值。

# 文脉赓续论高教

翠湖历史文化片区不仅是云南革命重镇，也是云南高等教育的发端之地。在这片不大的土地上，留下了诸多云南高等教育的发展印迹。如五华书院和经正书院，它们一个作为云南书院中办得最长、历史最悠久、培养学生最多的书院，对云南高等教育发展具有极大的推动作用；另一个作为翠湖八景之一，身临其中便可追溯讲经授学、坐而论道的文化胜景。再如云南大学，作为云南第一所现代意义上的高等学府，她所留存的文物遗迹、名人故居、历史建筑数不胜数。建校百年的她，执着于立德树人的神圣使命，推动着云南高等教育的不断发展。曾经的西南联大尽管已不复存在，曾经的联大师生大多也离开人世，但联大校址依旧，联大精神历久弥坚，鼓舞着一代代教育工作者和广大学子奋发向前。

本篇主要从宏观与微观两个角度对云南高等教育的发展脉络进行梳理，宏观上介绍云南高等教育的发展简史，微观上主要对云南大学与西南联大的发展史进行回溯。

## 一、云南高等教育沿革

### （一）云南教育体系的形成

云南教育得到较大发展并逐渐形成体系最早可以追溯到元朝。南宋覆灭，元朝建立之时，忽必烈便在云南建立了行省，并通过中央政府直接对它进行管理。从此，云南无须再像过去一样，为蜀地所管辖。忽必烈非常重视对云南的统治，他先后将自己的儿子忽哥赤、重臣赛典赤·赡思丁及其长子纳素剌丁派往云南任云南王或行省平章政事，再加上当时将云南的统治中心由滇西的大理至滇中的昆明，使得云南得到了快速发展。元至元十一年（1274 年），赛典赤为首任云南行省平章政事，对云南的发展做出巨大贡献。关于当时云南发展的情况，在《赛典赤·赡思丁传》中有过交代：

> 云南俗无礼仪，往往自相配偶，亲死则火之，不为丧祭，无秔稻桑麻；子弟不知读书。赛典赤教子跪拜之节，婚姻行媒，死者为之棺椁奠祭；教民播种，为陂池已备水旱；创建孔子庙、明伦堂，讲经史，授学田，由是文风稍兴①。

没有礼俗，没有学堂，似未开化之境。但在赛典赤的努力之下，一切都有了改变。至元六年（1269 年），元王朝构建了以中央“国子学”和地方的路、州、县学组成的完备的官办教育体系。到至元十九年（1282 年），元王朝便下达诏令，让云南政府在各路兴建学堂，大力发展儒学，兴修孔庙，以供奉至圣先师。大约又过了十年，忽必烈已经在云南设立了大量学校，还让蜀地士人在此充任教官，负责和管理教育事务。大德九年（1305 年），云南行省右丞忽辛命各郡邑普遍

① （明）宋濂．元史·卷一百二十五·赛典赤赡思丁传．北京：中华书局，1976：3063.

设立庙学，并选取文学之士担任教官，使得当时文风大盛。此后，元王朝在云南的中庆、大理、临安、澄江、仁德、威楚、武定、丽江、永昌九个路府及安宁州、石屏州、嵩明州、邓川州、鹤庆州等五个州设置了学宫，使得云南的学校教育开始形成一定的规模。直至皇庆三年（1314 年），元王朝设立云南行省儒学提举司，用来管理云南各级的教育机构。虽然云南在那个时候已经有了很多学校，并且有了自己专管教育的机构，但在当时的社会背景之下，它的教育发展与其他地区相比，仍处于落后状态。

## （二）明清时期建立书院

明清时期，云南的教育有了前所未有的发展，书院教育便是其中一大突破。说起书院，就不得不谈谈五华书院和经正书院了。

明嘉靖三年（1524 年），云南巡抚王启创办了五华书院。该书院位于昆明五华山麓北，故因此得名。书院“初有房舍七八十间，王启‘置讲堂、斋舍’‘区本钱廪饩’‘选博士弟子将进而讲习于其中’。”① 在书院建成以后，王启很喜欢能够与学子们朝夕相处、坐而论道，并且断定他们以后一定会大有所成。当时的书院正处于兴隆昌盛时期，培养了大批的儒者名将，因而他期待书院也能像白鹿洞书院、岳麓书院一样名垂千古。确实，在王启的管理和扶持之下，五华书院的地位和影响有了大幅提升。可是到王启离任之后，五华书院却

---

① 封海清，张磊．云南高等教育史．北京：科学出版社，2018：29.

渐渐走向了衰败。

但如此辉煌且影响巨大的书院，世人又怎会忍心让它沉寂呢？

明万历二年（1574 年），巡抚邹应龙决定重修五华书院。他建了三间堂屋，数十间号舍，规模较之前大。不难看出，邹应龙重修之时，五华书院已经破败。到万历三十八年（1610 年）秋，提督学政黄琮看见五华书院已是一副“颓梁落栋，鞠为茅草”的景象，内心感伤不已，便命云南府再次重修五华书院，并购置经史子集数万卷，让诸生诵习《雍正志》。这一次的修建直至万历四十年（1612 年）暮春才完工，此时，书院有屋舍 172 间，其中一半是修复的屋舍，另一半则是重新修建的，书院的规模较之前又有所扩大。

“到清雍正九年（1731 年），云贵总督鄂尔泰重建五华书院。雍正十一年（1733 年），雍正要求督抚在各省创建书院，五华书院得赐帑金千两，《图书集成》5018 本。地方督抚陆续购买经史子集图书万余卷收藏其中，选拔士子入内读书，‘凡滇人士之略具隽才者无不招而纳之’。五华书院至此而成为云南省省会书院。”①

五华书院自嘉靖三年（1524 年）建院至光绪二十九年（1903 年）转为高等学堂，历时 379 年。作为省会书院，它的规模和影响力均属云南书院之首。在这 379 年间，仅历史可考的重修、新修就有 10 次，其中明代有 2 次，清代有 8 次。五华书院发展之路实属坎坷，破

---

① 封海清，张磊．云南高等教育史．北京：科学出版社，2018：31.

败是因为不被地方官员重视，重建和增建又是因为得到地方官员的重视。有学者说，非邹应龙、黄琮、鄂尔泰、尹继善及马如龙（将五华书院焚毁后的重建者）之力，五华书院盖不存焉；凡是重修五华书院的人，大多数都是充分认识到了“书院对于稳固边疆、教化人民、培育人才、提高边疆文化水平具有重要作用”①。如此风雨飘摇与命途多舛，为五华书院在云南众书院中增添了独特气质。

而经正书院的发展就不似五华书院那般曲折，它创办之初起点就非常高，因为它改革了书院的教学流弊，为清王朝培养了通经致用的人才，是清代末期云南书院成功转型的代表。经正书院于清光绪十五年（1889 年）由云南总督王文韶、巡抚谭均培向朝廷上奏请求建造，到光绪十七年（1891 年）三月建成。同年，该书院还获得了皇帝赐匾——“滇池植秀”，悬于院内。书院以“专课经史，不课制艺”为教学宗旨，力图摆脱科举对书院的桎梏，给云南高等教育带来了一缕新风。仅十二三年时间里，经正书院就培养出了 91 名高才生，成为清末最著名的书院之一，与当时浙江诂经精舍、广东学海堂、四川尊经书院并称于世。值得一提的是，蔡寿福主编的《云南教育史》一书中说明清两代“云南具有高等教育性质的书院仅有 2 所（五华书院、经正书院），大多数书院则属于初等教育甚至启蒙教育的性质”②。不论他的这个说法是否完全准确，但是可以看出五华书院和

① 封海清，张磊．云南高等教育史．北京：科学出版社，2018：49.
② 蔡寿福．云南教育史．昆明：云南教育出版社，2001：270.

经正书院确实影响巨大，对云南高等教育的发展有促进作用。

### （三）近代教育的发展

云南近代化的过程中，伴随着经济发展和社会变迁，为云南近代高等教育的产生奠定了基础。云南近代高等教育的产生也是以昆明为中心的城市发展的产物。昆明城市化发展迅速，人口集聚，为教育体系包括高等教育提供教育人口的来源。对外开放、具有西方文化元素的近代城市文化的发展及近代观念的变革，为云南高等教育的产生扫除了思想障碍，提供了新式教育范本，又为大学文化的形成建构了骨架。

光绪二十八年（1902 年）、光绪二十九年（1903 年），清政府先后颁布《钦定学堂章程》《奏定学堂章程》，构建出中国近代教育的体系和体制，拉开了在全国建立新式学校的序幕，中国近代的大学也随着章程的颁布应运而生。云南地方政府也积极响应国家的诏令，开始着手筹办大学。1903 年，云南地方政府按照清政府的规定，将五华书院改建为云南高等学堂，这被认为是云南近代高等教育产生的标志。

截至 1911 年，云南先后创办高等学堂、法政专门学堂、方言学堂、云南陆军讲武堂及高等工矿学堂等几所具有新式高等教育性质的学堂。值得一提的是，云南陆军讲武堂被看作是云南近代高等教育的标杆，对云南近现代高等教育的发展产生了深远影响。

云南的“法政专门学堂”在 1912 年时改名为“法政专门学校”，后又更名为“云南公立法政专门学校”，是民国时期云南的第一所普通高等学校，该学校一直开办到 1932 年。

1919 年，云南各界人士向政府建言，要求创建大学。直至 1922 年 12 月 8 日，私立东陆大学得以成立；1923 年 4 月 20 日，私立东陆大学举行了盛大的奠基仪式及开学典礼，拉开了云南高等教育近现代化发展的序幕。

1937 年 7 月 7 日，日本帝国主义发动了全面侵华战争。由于“抗战建国”的需要，中国不得不进行大规模的人口、经济与文化内迁。由于云南特殊的地理环境优势，便成为了内迁的主要目的地。内迁之后，大量的人口、企业、学校等资源大规模聚集于云南，为云南的城市化发展提供了机遇。而云南的高等教育也因为西南联大的迁入得到了很大的发展。人们将那个时期称为云南高等教育发展的“黄金时期”。自此，云南高等教育势如破竹，以不可抵挡之势在这片红土地上茁壮发展。

## 二、云南大学——会泽百家　至公天下

清末民初，随着科举制度废除，新式学堂建立，中国高等教育逐步兴起，许多省府开始兴办大学。1915 年，省政府计划设立大学，云南也有一批有识之士向政府进言，力图在云南开办大学。1918 年滇川黔合议设立联合大学，但因经费没有着落而未能办成。1919 年，省议员大会审议通过龚自知等人提出的《本省筹办大学请愿书》。时任云南督军兼省长的唐继尧很是支持，表示“大学之设，必期于成”①。20 世

① 卫魏．古风今韵：云南大学历史建筑的人文解读．云南大学出版社，重庆大学出版社，2016：99.

纪20年代，云南教育经费拮据。当时，小学教育尚未普及，中学教育也没有办好，人才紧缺；若要兴办大学，实属不易。但唐继尧坚持："治天下，以大学为基础，立人格，以英雄为模范。"① 在他执政的14年中，从未放弃过在云南创办大学的想法，即使是在军阀混战、争权夺地的时期，他也在为筹办大学劳累奔波。终于在1920年，心系家乡教育发展的云南首批留美学生董泽、杨克嵘等人学成归来，加上兴办实业的民族资本阶层、留学归国的滇籍学者和渴望子女深造的学生家长们的支持和努力，形成了在云南创办大学的契机。唐继尧积极抓住这些有利条件，把创办大学当作己任，立刻开展了筹备工作。他将翠湖的水月轩划为筹备处，任命董泽为大学筹备处处长。在校园建筑筹备上，他打算采取统一规划建设的措施，拆除贡院明远楼，兴建大学主楼会泽院，翻修至公堂作为大礼堂，修缮贡院等其他旧房屋，将贡院考棚（即东号舍）改为学生宿舍，修建篮球场、排球场和网球场，以供学生进行体育活动；将原来贡院的门改为校门，并且保留了门上"为国求贤"四个金色大字的匾额，在门柱上增添"东陆大学"之校牌。然而，在事情向好发展之时，却出现了变故。1921年，顾品珍倒戈反唐，致使唐继尧被迫流亡香港，创办大学之事只能暂时搁置。

1922年，唐继尧重回云南主政，大学筹备工作得以重新恢复。从东陆大学创办前的一波三折不难看出，唐继尧在云南创办大学的执

① 刘光顺. 唐继尧研究集. 昆明：云南教育出版社，1996：980.

着信念。同年 11 月，筹备处投票决定学校的领导人员，唐继尧与王九龄当选名誉校长，董泽则担任校长的职位。12 月，云南省最早的一所大学——私立东陆大学应运而生。

因为昆明特殊的地理位置，云南大学是中国大学中罕见的从未搬迁、在原址持续办学的著名全国重点大学。百年以来，云南大学为党育人、为国育才，为国家的政治、经济、文化建设发展作出了巨大贡献。2020 年 12 月，云南大学历史博物馆建成。时任云南大学党委书记的林文勋教授为云南大学历史博物馆作序言，道出百年学府之壮丽华章。

> 博物洽闻，通达古今；存物观世，以启来者。此乃古往今来教化之方、育人之道。
>
> 东陆云大，薪火相传，踵事增华，学基愈盛，文教昌隆。‘双一流’建设，辟开新局，造就人才，精研学术，贡献社会，盼之切切，期之殷殷，任重而道远。当此之时，识者咸以创建云南大学历史博物馆为务，一本先贤‘扬文化之波，播科学之种’办学要旨，展陈往迹，遍集贤俊，承传文脉，涵养精气，思有以光大‘会泽百家，至公天下’之精神，践行‘自尊、致知、正义、力行’之校训。
>
> 百年云大，继往开来。云南大学历史博物馆落成之际，谨述缘起，铭纪为志①。

① 林文勋．云南大学历史博物馆序言．云南大学学报（自然科学版），2021，43（03）：416.

### （一）私立东陆大学与省立东陆大学

私立东陆大学是中国西南边陲兴办最早的高等学府之一，曾几度更改校名，从最初的私立东陆大学到省立东陆大学、然后到省立云南大学、国立云南大学，再发展为今天的云南大学。她于动乱年代起步，在救亡图存的逆境中迎难而上，在历史巨变中与时俱进，渡过了一个又一个难关，跨上了一级又一级台阶。关于云南大学的历史沿革，有较多划分视角。本篇将以不同时期的学校名称（图 2－1）① 为脉络，来探索其峥嵘岁月，再现其百年辉煌。

1. 私立东陆大学

私立东陆大学的创办虽得民心，看似一帆风顺，实则路途坎坷！1920 年，云南首批留美学生董泽、杨克嵘、陶鸿焘等人学成归来，这批志在救国的热血青年深感在云南创办一所大学的重要性。董泽等人获知，早在 1915 年全国教育行政会议召开时，云南在滇省创办大学的计划已获通过，之后因护国起义而未能实施。1919 年，云南又有本省自办大学的建议，皆因政局动荡，经费紧缺，终成泡影。令他们欣喜的是，时任云南都督唐继尧主张废督裁兵，振兴文化。于是，他们一致推选较为年长的董泽向唐继尧省长面陈上述观点，并建议立

① 云南大学官网．学校概况：历史沿革．http：//www.ynu.edu.cn/xxgk/lsyg.htm

| ·1922 年 12 月 8 日，宣布成立<br>·1923 年 4 月 20 日，正式开学 | 私立东陆大学<br>（1923 年—1930 年） | ·预科<br>·本科（文、工两科）<br>·附中<br>·（1927）附中 |
| --- | --- | --- |
| ·1930 年，改为省立东陆大学<br>·1932 年，云南省立师范学院并入 | 省立东陆大学<br>（1930 年—1934 年） | ·文学院（政治经济、法律系）<br>·工学院（土木、矿冶系）<br>·教育学院 |
| ·1934 年 9 月，改称省立云南大学<br>·1937 年，熊庆来受聘出任云南大学校长 | 省立云南大学<br>（1934 年—1938 年） | ·文法学院（文学院＋教育学院）<br>·理工学院（工学院＋理科学系）<br>·医学专修科 |
| ·1938 年，改为国立云南大学<br>·1946 年，被《不列颠百科全书》列为中国 15 所在世界最具影响的大学之一 | 国立云南大学<br>（1938 年—1949 年） | ·5 个学院（文法、理、工、农、医）<br>·18 个系<br>·3 个专修科<br>·3 个研究室 |
| ·1951—1958 年，全国院系调整<br>·1954 年 8 月工学院独立为昆明工学院<br>·1956 年 8 月医学院独立为昆明医学院<br>·1958 年 8 月农学系和林学系独立为昆明农林学院（今云南农业大学和西南林学院前身） | 云南大学<br>（隶属中央高等教育部）<br>（1950 年—1958 年） | ·航空：并入四川大学、北京航空学院<br>·园艺、桑蚕：并入西南农学院<br>·法律、政治：并入西南政法学院<br>·土木工程：并入重庆建筑学院、四川大学<br>·铁道管理：并入北京铁道学院、中南土木建筑学院 |
| ·1958 年 8 月划归云南省政府管辖<br>·1978 年，被教育部列为全国 88 所重点大学之一<br>·1997 年 11 月正式成为国家“211”工程首批建设的 61 所大学之一<br>·2004 年成为省部共建高校<br>·2012 年成为国家“中西部高校基础能力建设工程”和“中西部高校提升综合实力工程”实施院校<br>·2016 年成为国家“一省一校”工程实施院校 | 云南大学<br>（隶属云南省政府）<br>（1958 年—2017 年 9 月） | ·1958 年院系调整后，仅设文理两科，共 6 个系<br>至 2017 年 9 月<br>·26 个学院<br>·13 个研究院<br>·1 个公共教学部<br>·94 个本科专业<br>·13 个一级学科博士学位授权<br>·38 个一级学科硕士学位授权<br>·22 个专业硕士学位授权 |
| ·2017 年成为中国首批 42 所“一流一大学”建设高校之一<br>·2018 年成为中西部 14 所“部省合建”高校 | 云南大学<br>（隶属云南省政府）<br>（2017 年 9 月—今） | 至 2020 年 4 月<br>·26 个学院<br>·10 个研究院<br>·76 个本科专业<br>·21 个一级学科博士学位授权<br>·42 个一级学科硕士学位授权<br>·22 个专业硕士学位授权 |

**图 2－1　云南大学校名变迁**

即筹办大学。他们的想法与唐继尧的思路一拍即合，其建议立即获得了唐继尧赞许。几日后，唐继尧即委派教育司司长王九龄与董泽共同筹建大学①。

经过紧张的筹备，大学成立的条件日臻成熟。1922 年 11 月，筹备处投票选举唐继尧、王九龄为大学名誉校长，董泽为校长。12 月 8 日，云南省长公署正式批准大学成立，启用信印。同日，唐继尧函聘董泽为首任校长。同日，董泽就东陆大学校长职，正式以校长身份视事。至此，酝酿经年、几经周折的祖国西南地区历史上第一所高等学府，即私立东陆大学——云南大学的前身——终于破土而出，宣告诞生②。

私立东陆大学以明清时期的贡院为校址，从地理位置来看，就注定了她的不平凡。1987 年，云南贡院被列为省级重点文物保护单位，作为其主体建筑的至公堂和东号舍，也于同一年被纳入保护范围。至公堂是明清时期云南乡试活动的中心，林则徐曾任主考官在此主持考试。东号舍则为明代考生居住、考试的处所。1923 年 4 月 20 日，私立东陆大学举行了校舍奠基暨开学典礼。省长唐继尧、省政府各机关长官、各国驻滇领事、各社会团体、各学校共数千人出席仪式。唐继尧作出训词：

---

① 张俊．云南往事：百年悠远的钟声．云南政协网：http：//www. ynzxb. cn/content/2023 -04/15/content_ 25053. html

② 刘兴育．筚路蓝缕，学基初肇．云南大学校史网：http：//xsw. ynu. edu. cn/info/1003/1423. htm

一，国家不幸，大乱迭兴，靖护诸役，数次起兵，以“正义”“人道”相号召，即欲以此纠正人心，治国平乱，不料结果均无甚美满。于是憬然于国家之败坏，由于无多数优秀人材奋斗其间，致正义无由伸展，民治无由发达。……二，欧战以还，思潮勃兴，至理名言，阐发无遗。……拟以固有文化精神，吸收新文化，成一折中适于国情者，非谋建设一最高学府以研究之不可。三，废督后实行民治政治，如实业、教育、交通及一切庶政，在需要专门人才，方克有济。此项专门人才，更非由大学以造成不可。四，本省无相当之学校以升学，如中学毕业后，多数辍学，欲向省外国外谋升学，又苦于交通经济之种种障碍。今设此大学，向上颇便，人才易出①。

训词中唐继尧陈述了自己创办大学的原因，之后颁布了“自尊、致知、正义、力行”的校训。校长董泽则在演说中讲道：“是东陆大学，非一人之所有，更非云南、中国的，实世界的也。”② 在私立东陆大学建设初期，学校大兴基础设施建设，并大力进行师资建设，以提升教育水平。董泽对云南的教育、交通和金融事业建树斐然，1925

① 张昌山．云南大学记忆．昆明：云南大学出版社，2013：5.

② 云南大学第一任校长董泽．云南网：http：//edu. yunnan. cn/content/2008 - 09/26/content_ 92112. htm

年被法国授予“法兰西科学院院士”[①]。其在私立东陆大学任校长一职8年，继承了先古之文明，提倡学术民主思想，大量聘用留学之专门人才和国内名校学生任教，如清末状元袁嘉谷先生等就是在这时被聘入私立东陆大学的。

私立东陆大学以“发扬东亚文化，研究西欧学术，俾中西真理融会贯通，造就专门人才”为宗旨[②]。由于云南基础教育薄弱，建校之初生源较差，于是学校决定先开办预科，夯实基础之后再开办本科。1925年，私立东陆大学开始招收本科生，为适应云南需求及学校实际，本科先设立了文、工两科，文科分设政治、经济、教育三系，工科分设土木工程、采矿冶金两系；预科则继续招生。虽然本科毕业生人数较少，但大多成绩优异，成为了云南地方建设中的骨干。

1927年，中华教育文化基金会（中英庚款基金会）派调查员朱庭祜来私立东陆大学视察。调研之后，朱庭祜形成了一份详尽的《视察东陆大学报告》。报告充分肯定了私立东陆大学所取得的成绩，并称赞私立东陆大学之校园环境：

东陆大学“四周风景绝佳，以其建筑之庄严灿烂，并擅此湖光山色，不啻在中国西南方面辟一新世界焉。他借山光以悦人性，假湖水以静心情，让莘莘学子获超然世外之感，寓万籁空寂之中悟通返

---

① 张昌山．云南大学记忆．昆明：云南大学出版社，2013：6.

② 云南大学第一任校长董泽．云南网：http：//edu. yunnan. cn/content/2008 - 09/26/content_ 92112. htm

真”[①]。

报告还提到：“由前述之从环境上、历史上以及种种事实上情形观之，东陆大学实为中国西南方面不可少之储才学校，其进行步骤也得要领。”[②] 由此可见，私立东陆大学短短数年就取得较大进展，获得赞誉。

1927 年，私立东陆大学开办附属中学，拟将附中学生与学校预科班合并，完成 6 年制中学，让中学毕业生可以直接升入大学学习。

私立东陆大学筹备和办学的 10 年（1920—1930）间，可谓是举步维艰，困难重重，特别是学校需要背负着较重的经济压力缓步前行。唐继尧虽然宣称“裁兵兴文”，但在炮火连天的年代，能从军费开支中拨取的经费十分有限，所以学校的大部分开支只能依靠临时筹款与社会募捐来维持。为办好这所大学，1922 年筹办伊始，唐继尧就以文件命令的形式让各组织机构和社会各界支持东陆大学的筹办，并以身作则率先捐款 1 万元作为筹备费，后又捐款 50 万元。学校为纪念唐继尧倡导教育、创办东陆大学的功绩，决定以他的名字来命名新建主楼。主楼决定修建在贡院明远楼旧址之上。当时，人们出于对名人的尊重，习惯以名人家乡地名为其别称，主楼便以唐继尧别称“会泽唐公”中的“会泽”命名。筹备人员为在唐继尧别号后用“楼”“堂”或“院”的问题上煞费苦心。考虑到主楼建在明远楼旧

---

① 李作新．东陆园随忆．昆明：云南大学出版社，2015：8.

② 雷文彬，卫魏．云南大学校史简明读本．昆明：云南大学出版社，2015：12.

址，为区别新楼与旧建筑，决定不用“楼”；主楼紧挨贡院的衡鉴堂、至公堂，也不打算再用“堂”；最后决定，用泛指一般屋宇建筑的“院”，并将“会泽院”三个字镌刻在主楼前后门的门楣之上，会泽院由此得名①。

会泽院由建筑大师张邦翰负责整体修建事务。因会泽院以明远楼为址，古韵文风环绕四周；新落成的建筑在符合时代潮流的同时，也要与贡院原有风格相得益彰。因此，张邦翰在构思上提议：“其建筑采中西法式，存古而不泥于古，尚新而不专骛于新。”② 而后，筹备处采纳了张邦翰仿照巴黎大学主楼建筑特点的设计构思。会泽院于1924年建成，逐渐成为文化名人荟萃和国内外学术交流的重要场所。1987年，会泽院被云南省政府定为省级重点保护文物，2019年10月，被国务院公布为第八批全国重点文物保护单位，成为东陆大学最具有代表性的建筑之一。

2. 省立东陆大学

1929年，国民政府教育部颁布的《大学组织法》规定，学校必须具备三个以上学院才算是大学，对国立大学的要求更是必须实行五院建制。私立东陆大学当时有“科”无“院”，发展状况与国立大学的标准相差甚远。私立东陆大学要在国立大学中有一席之地，只有先

---

① 卫魏．古风今韵：云南大学历史建筑的人文解读．昆明：云南大学出版社，2016：18.

② 卫魏．古风今韵：云南大学历史建筑的人文解读．昆明：云南大学出版社，2016：19.

以“省立”作为过渡期，再向国立大学进军。1930 年，以龙云为首的云南省政府，为“谋教育系统之调整，教育事业之联络，及大学本身发展计”①，将私立东陆大学改组为省立东陆大学，隶属于云南省教育厅，教育经费由省政府拨款供给。

东陆大学由私立改为省立后，管理体制也发生了较大变化。大学纳入省教育系统，撤销了董事会；学校财务由省教育厅直接管理；校长权力被削弱，其主持的校务会议及教务会议缩减为教务会议。是时，董泽辞去校长一职，由原副校长华秀升任代理校长。

1931 年，学校停办预科，将大学附中移交地方，与私立成德中学合并，成立省立第五中学。同年，学校改科为院，改文科为文学院，下设政治经济系和法律系；改工科为工学院，下设土木工程系和采矿冶金系。1932 年，省立师范学院并入省立东陆大学。并入后，学校成立教育学院。文学院与理学院短暂合并，称为“文理学院”。此时，省立东陆大学形成文理学院、工学院、教育学院三院并存的建制，学科体系渐趋完备。1933 年，文理学院将数理系并入工学院，文理学院恢复为文学院，同时设立了医学专修科，在 1933 年秋招收四年制医学专修科一班，为院制建设奠定了基础。

虽然说学校经费由省财政支付，但经费短缺的问题一直存在。经费不足，给学生的补贴只能被迫停止，导致因经济困难而辍学的学生

---

① 陆复初．昆明市志长编卷十三（近代之八）．昆明市志编纂委员会内部发行，云南新华印刷厂印刷，1983：132.

日益增多。1932 年初，省立东陆大学组织了一次向社会募捐助学的活动，幸而得到社会各界人士倾囊相助，省立东陆大学才勉强渡过难关。同年秋，华秀升辞去代理校长之职，省政府委任工学院院长何瑶为代理校长。

### （二）省立云南大学与国立云南大学

#### 1. 省立云南大学

省立东陆大学在初步完成院制建设以后，便于 1934 年春将学校的改进情况呈报云南省政府，并由省政府转送教育部备案。同年 9 月 16 日，教育部通报："云南省立东陆大学，应改称省立云南大学，以符名实。"① 教育部认为公立学校用私名，并不妥当，应予以更正。于是省政府遂将云南省立东陆大学正式更名为"云南省立云南大学"，仍隶属于云南省教育厅。

省立云南大学期间，云南经济逐渐好转，币值也趋于稳定，拨付学校的经费也较为充足，使得学校走向了稳步发展的重要时期，

当时，何瑶执掌校务，扩大了学校规模，对云南大学的教学机构进行了调整和扩充。调整之后，省立云南大学下辖文法学院，理工学院，并筹设农业试验场，为创办农学院奠定了基础。在课程设置上，学校强化边疆区域及民族特色，增强了学校学科发展优势。1936 年 2 月，停办 5 年的附中也恢复招生，学校逐渐向好。但同时，严苛的学

---

① 雷文彬，卫魏．云南大学校史简明读本．昆明：云南大学出版社，2015：16.

校管理制度一定程度上增强了学生的逆反心理，1937 年 4 月 2 日至 6 日，学校发生了“倒何”学潮，局面一时难以控制。后何瑶辞去职务，学校才慢慢恢复平静。时任云南省政府主席的龙云，通过倒何事件，对兴办大学有了自己的看法。他认为大学是培养领袖及专门人才的场所，培养出来的学生政治上若不为己用，就会为他人所用；业务上若无真才实学，就不能负起建设的重任。因此，他对云南大学校长人选极为重视，并通过各种渠道开始物色新人选。

与此同时，曾在北平师大就读过的龙云夫人顾映秋、省经济委员会主任缪云台、省教育厅长龚自知以及省建设厅厅长张邦翰，均分别向龙云推荐熊庆来。龙云也认为，熊庆来确实非常符合他对云南大学校长人选的要求。于是便通过各种关系劝说熊庆来到云南大学任职，而且应允了熊庆来提出的增加学校经费，争取将云南大学改为国立大学的主张，以及熊庆来提出的“约法三章”：“一、校务行政省政府不加干预；二、校长有招聘、解聘教职员之权；三、学生入学须经考试录取，不得凭条子介绍。”①

在与龙云“约法三章”之后，1937 年 6 月，熊庆来应云南省政府之聘，任云南大学校长之职，并于 8 月 1 日正式就任。入职之后，熊庆来正式向教育部呈文，以云南地处边陲，资源丰富，但文化与经济发展都较为落后，云南大学想谋求更好的发展等为由，请求教育部

---

① 张维．熊庆来传．昆明：云南教育出版社，1992：192.

将云南大学改为国立。他为云南大学进一步发展做了诸多努力。例如，为了改变学校本身存在的弊病，他根据实际情况，提出了“慎择师资人选；认真授课，培养学术环境；学科建设，因地制宜；撙节非必要之费用，以充实各项设备；树立研究风气与培养学术环境”① 等一系列整治改造的方针。在熊庆来校长的方针指导之下，学校规模逐渐扩大，开创了云南大学办学历史上的第一个辉煌时期，为云南省的经济、社会、文化发展起到了积极推动作用。

2. 国立云南大学

为了加快国立云南大学的建设步伐，熊庆来从教育经费、院系调整及筹备委员会等几个方面着手，对云南大学实行改革。在他的努力下，教育经费增加，教师待遇提高，院系扩充，使学校初具规模，不断接近国立大学“五院建制”的要求。1938 年 7 月 1 日，省立云南大学改为国立云南大学，学校历史又翻开了崭新的一页。

1938 年 11 月 24 日，国立云南大学举行隆重的开学典礼，中外来宾 60 余人和全校学生 500 余人共聚至公堂。熊庆来、梅贻琦相继致辞，省政府代表周钟岳宣读训词以勉励学生。由熊庆来作词、赵元任作曲的国立云南大学校歌也开始走进学校的新纪元：

> 太华巍巍，拔海千寻；滇池森森，万山为襟。卓哉吾校，其与同高深。北极低悬赤道近，节候宜物复宜人。四时

① 张昌山．云南大学．昆明：云南大学出版社，2013：9.

读书好，探研境界更无垠。努力求新，以作我民；努力求真，文明允臻。以作我民，文明允臻①。

为促进国立云南大学持续发展，熊庆来在提升教育质量上采取了一系列措施：其一，广聘名师，让教师发挥主导作用。熊庆来以清华大学为模板，建立以“教授治校”为核心的行政管理体系，校长直接把控全局。这样既保证了校长对核心部门的掌控，使得重大举措能够得到高效实施；又让教授分担部分行政任务，参与学校的决策，形成教授共同治校的合力②。其二，严格考试制度，以此提高学生素质。首先是采用公平的入学考试来获取生源。1938 年至 1946 年，国立云南大学与国立西南联合大学联合招生，统一出题、阅卷，划定不同录取分数线。考虑到云南中学生的实际水平，国立云南大学总平均分低于国立西南联合大学 10 – 15 分，外省籍考生高于滇籍考生约 10 分，同等学历考生高于高中毕业生约 10 分。招生录取以分数线为准，一定程度上杜绝了走后门的不正之风，促使云南高等教育发展有了较大突破，对其后的高等教育发展提供了借鉴。其三，重视交流形式，活跃学术氛围。在熊庆来校长的倡导下，国立云南大学学术演讲蔚然成风。演讲场地大多设在至公堂、泽清堂，学校发布通告，师生自由听讲，往往座无虚席。闻一多在至公堂的《最后一次演讲》就发生

① 云南大学官网．学校概况．http：//www. ynu. edu. cn/xxgk/sbyd. htm

② 雷文彬，卫魏．云南大学校史简明读本．昆明：云南大学出版社，2015：23.

在那个时期。

抗日战争开始后昆明作为内迁首选，汇聚了大量当时最杰出的人才。抗战时期的云南大学，可谓俊彦荟萃、大师云集。当时，国立中央研究院、新中国数学会等机构均有多名云南大学教授入选，学术审议委员会等亦有云南大学教授入选。这一时期，云南大学在人才培养方面也是成效显著。例如在 1940 年始举办的全国学生学业竞赛中，云南大学连续多届有学生获奖。

“大学的重要，不在其存在，而在其学术之生命与精神”①，这是熊庆来重要的教育思想之一。他想方设法推动云南大学学术研究的发展，在经费紧张的情况下，多方筹集科研资金。1942 年 7 月省政府拨款 20 万元予云南大学，他便决定拿出 10 万元作为成立“西南文化研究室”及开展研究工作之用。研究室成立之后，学者们不断探索，解决了西南地区的很多未解之谜。20 世纪三四十年代的云南大学，不断建构着具有云南地方特色的学科，如“云南金石学”“云南历史文献学”和“云南历史地理学”等，文史学系的西南文化研究室以及社会学系的“魁阁”，也颇具盛名。

1946 年，国立云南大学已跻身全国名校之列，在全国 19 所国立大学招生中位列第十，可谓云南大学的高光时刻。英国《不列颠百科全书》还将云南大学列为中国著名的 15 所大学之一，并向全世界宣

---

① 谢本书．龙云传．北京：团结出版社，2019：192.

介。1980 年及 1986 年，《不列颠百科全书》曾两次再版，云南大学仍名列其中。1949 年，联合国教科文组织召开基本教育会议，中国的三位大学校长蒋梦麟、梅贻琦和熊庆来应邀出席，可见国立云南大学在当时的影响力非同一般。

1936 年只有 2 个院、3 个系、1 个专修科的省立云南大学，在经历院系调整之后，1938 年初，已有 5 院、9 系、1 专修科。改为国立大学之后，学校先是增强师资力量，后充实物资设备，在原有基础上加快院系建设步伐。1947 年，国立云南大学已经成为有 5 个学院、18 个系、3 个专修科、2 个研究所、3 个研究室、2 个附属医院、1 所疗养院、2 个工农林场和 1 个天文台的综合大学①。

3. 使命担当

第一次国内革命战争时期，东陆大学师生参与“五卅”反帝运动云南学生沪湘后援会、“三一八”惨案声讨大会、“抗暴驱李”运动。在抗日战争期间，为了躲避日机轰炸，1940 年工学院和理学院迁往会泽。因会泽难以接纳太多师生，理学院及工学院一年级学生又迁往嵩明马坊，成立马坊校区，赵雁来为分校主任。从 1940 年到 1941 年，云南大学先后遭日机轰炸 3 次，校舍崩坏，至公堂、会泽院、科学馆等建筑都造成不同程度的毁坏，可谓损失惨重。学校师生在努力克服战争疏散困扰的同时，通过举办讲座、发表文章分析抗日

① 雷文彬，卫魏．云南大学校史简明读本．昆明：云南大学出版社，2015：23.

形势等形式参与革命斗争，鼓舞国人斗志；同时积极募捐，支持抗战。很多云大学子投笔从戎，参与抗战。1944 年 6 月 25 日，美国副总统华莱士到云南大学参观，在至公堂为云南大学、西南联大师生发表演讲，他对两校师生在日本飞机不断轰炸下仍能弦诵不辍的精神表示敬佩。

1949 年是国立云南大学的最后一年，也是决定国立云南大学存亡的关键之年。大势已去的国民政府妄图把云南作为最后的反共基地，并趁熊庆来离校之际，委派新校长控制国立云南大学，受到多方人士反对，最终无济于事。1949 年 5 月，“云南大学五联会”正式成立，推选教授会代表郭佩珊为“五联会”主席，开展拯救学校、拯救教育、救济贫病教师等一系列斗争。12 月 9 日，卢汉起义，“云南大学五联会”动员师生投入昆明保卫战，欢迎解放大军。自此，国立云南大学又开始了新的征程。

### （三）云南大学

1950 年 6 月，据中央人民政府文件精神，国立云南大学定名为云南大学。1955 年 4 月，周恩来总理和陈毅副总理在赴万隆会议途中莅临云南大学，并对学校发展作出指示。1957 年 5 月，著名文学家、教育家李广田担任云南大学校长一职。

20 世纪 50 年代的全国高校院系调整涉及全国四分之三的高校，云南大学也位列其中。云南大学的调整于 1950 年至 1958 年期间展开，持续了 8 年之久。调整后的云南大学，与其他被调整的大学一起形成了20世纪后半叶中国高等教育系统的基本格局①。

1950年，昆明五华文理学院（除中文系和外文系外）、云南英语专科学校、昆明甘美医院并入云南大学；1952年，重庆大学有色金属专修科并入云南大学；1953年，贵州大学及贵州理工学院的矿冶系、机械电机系、数理系、化学系及西康技艺专科学校园艺科部分师生调入云南大学。然而，云南大学的一些重要特色学科却被迁出：1951年，航空系并入四川大学；1952年，该系又被并入北京航空学院（即现在的北京航空航天大学），云南大学农学院部分农业及经济管理系及学科并入西南农学院（今西南大学）。同年，云南大学成为全省第一家被获准可以招收研究生的高校，其中，能够招收研究生的专业有：生物系生态学专业、中文系汉语言文学专业、历史系民族史专业。1953年3月，云南大学园艺系、桑蚕系并入西南农学院；畜牧兽医系并入四川大学；工学院铁道管理系的管理组调入北京铁道学院（今北京交通大学），工程组调入中南土木建筑学院（后并入今中南大学）；土木工程系调入四川大学水利系，建筑系并入重庆土木建筑学院（今重庆大学）；政治、法律系调入西南政法学院（今西南政法大学）。1954年8月，云南大学机电土木水利部分参与合并组建成都工学院（后改名成都科技大学，为今之四川大学），工学院参与合并组建昆明工学院（今昆明理工大学）。1956年，云南大学医学院独

① 雷文彬，卫魏．云南大学校史简明读本．昆明：云南大学出版社，2015：40.

立，成立昆明医学院（今昆明医科大学）。1958 年 8 月，云南大学农学系、林学系独立，并成立昆明农林学院（现云南农业大学、西南林业大学）。经过院系调整后的云南大学，仅存文、理两科，6 个系，直属于国务院高教部领导。

从高等教育自身的发展来看，此次院系调整提高了整体办学效益，在特定的历史时期促进了高等教育发展，奠定了我国高等教育格局，为国家培养出大量专门人才，并在一定程度上加强了内地高等院校的建设，有力促进了中西部经济的发展。但大量的专业及院系外迁，人才与科研资源转移，对云南大学的发展造成了一定影响。

1958 年 8 月，云南大学由教育部划归云南省管辖。

1961 年，云南政治学院、滇南大学文理科系、滇西大学文理科系并入云南大学；1962 年，云南省民族研究所并入云南大学；1965 年，昆明师范学院地理专业部分并入云南大学。1978 年，云南大学恢复招收研究生，被教育部确定为全国 88 所重点大学之一。1981 年 11 月，获国务院批准，云南大学成为全国首批博士、硕士学位授予单位，1984 年正式开始授予学位。

1993 年，国家为迎接世界新技术革命的挑战，集中央与地方力量重点建设近 100 所高等学校和一批重点学科、专业，力图在 21 世纪使一批高校及学科或是专业能够达到世界较高水平，并成为培养高层次专门人才和解决国家经济建设和科技发展重大问题的基地，即“211 工程”建设。云南大学经过 3 年多的努力，在 1996 年，通过

“211 工程”主管部门预审，1997 年通过专家立项审核，成为首批“211 工程”重点建设的高校之一。

在此期间，云南大学明确了“立足边疆、服务云南、办出特色”的办学思路，以学科建设为重点，以改革为动力，将人才培养、科学研究与地方经济、社会发展紧密结合，着力提高教育质量、学术水平和办学效益。通过不懈努力，云南大学的“211 工程”建设成效显著。

2008 年 7 月，云南大学呈贡校区奠基，该校区位于昆明市呈贡新城雨花片区，占地面积 4016 亩。2010 年 11 月 22 日，呈贡校区举行了隆重的落成典礼。现场掌声雷动，预示着云南大学又开启了新篇章①。2011 年 11 月，云南大学正式恢复重建医学院。2012 年，学校入选国家中西部高校基础能力建设工程和中西部高校综合实力提升工程。2013 年 7 月，学校成为中西部“一省一校”国家重点建设大学（Z14）联盟成员。2016 年，学校被列入国家“一省一校”工程重点建设院校。

2017 年，云南大学成为中国首批 42 所“一流大学”建设高校之一，也使得云南大学再次踏上新的发展征程。在学科建设上，云南大学基本上建成了适应未来发展需要的学科格局。一流学科建设成效明显；生命科学、古生物学和天文学三个一流研究中心建设成效显著；

---

① 张昌山．云南大学．昆明：云南大学出版社，2013：54.

学科交叉融合得到促进，设立了民族与边疆学部、生命科学与医药学部、高原湖泊研究院、生物医药研究院、资源植物研究院、南亚东南亚研究院和周边外交研究中心，提升了学科服务国家战略和云南高质量发展的能力。中国语言文学、历史学、档案学、外国语言文学等基础学科也在传承和弘扬中华优秀传统文化方面取得进步。2020 年 9 月，云南省第二人民医院（云南省红十字会医院）划归云南大学，并由云南大学管理，更名为云南大学附属医院（云南省第二人民医院、云南省眼科医院）。补齐医学学科建设及人才培养的短板，为建设具有云大特色的新医科奠定了重要基础。

云南大学双一流大学的首轮建设取得很大成功，且成效和贡献突出。如建成了全国民族与边疆治理高层次人才的培养重镇，云南大学的古生物和生命起源研究产生重要国际影响，生物多样性资源保育与利用研究成果显著，融入和服务“一带一路”成效突出，为高原湖泊的治理作出了巨大贡献。

2022 年 2 月，云南大学入选国家第二轮“双一流”建设高校。

2022 年 5 月 18 日，中共中央政治局常委、国务院总理李克强考察云南大学。他亲切鼓励师生：“云南大学还是了不起的”“云南大学一定会前进!”总理的殷殷嘱托，是对云南大学的肯定，是对云南这片沃土的肯定，激励着云大学子不断奋勇前行。

2023 年 4 月 20 日，云南大学迎来百年华诞。中共中央总书记、国家主席、中央军委主席习近平致信祝贺云南大学建校 100 周年，向全体师生员工和广大校友致以热烈的祝贺和诚挚的问候。习近平在贺信中指出，100 年来，云南大学秉承“会泽百家、至公天下”的办学精神，扎根祖国西南边疆民族地区，培养了大批优秀人才，为促进民族团结进步、服务区域经济社会发展作出了积极贡献。总书记的贺信让云大师生备受鼓舞，振奋不已。在强国建设、民族复兴的新征程上，云南大学将围绕总书记的贺信精神，以习近平新时代中国特色社会主义思想为指引，全面贯彻党的二十大精神和党的教育方针，全面提升办学水平，为党育人、为国育才，推动铸牢中华民族共同体意识，为建设教育强国作出新的更大贡献。

## 三、国立西南联合大学——辉煌永续

国立西南联合大学（以下简称西南联大），自 1937 年 8 月国民政府教育部命令设立国立长沙临时大学开始，到 1946 年 7 月 31 日梅贻琦主持西南联大最后一次常务委员会，宣布“西南联合大学到此结束”[①] 为止，共计 8 年零 11 个月；以学年计，则为 9 个学年。1946 年 8 月，三校复员北返后，西南联大的师范学院留在昆明联大旧址独立设置，被定名为国立昆明师范学院，1984 年改称云南师范大学，其旧址现为全国重点文物保护单位。

西南联大作为抗战时期中国著名的高等学府，在日寇入侵、风雨

---

① 北京大学，清华大学，南开大学，云南师范大学．国立西南联合大学史料（一）．昆明：云南教育出版社，1998：1.

如晦的战争年代，坚持“刚毅坚卓”的校训，以坚韧不拔之精神，为国家保存了民族文化血脉，培养出大批优秀学子，为中国乃至世界的发展做出了重要的贡献。因其成就显著，西南联大有“内树学术自由，外来民主堡垒”① 之美誉，成为中国高等教育史和中国文化史上的奇迹。

## （一）西南联大之创建

1937 年 7 月 7 日，骇人听闻的“卢沟桥事变”打破了北平的安宁。平津地区人心惶惶，社会动荡不安，师生们安宁的校园生活也不复存在。面对此情此景，时任北京大学校长的蒋梦麟及清华大学校长的梅贻琦为了能够让学生们可以继续求学，便四处奔走，寻找解决问题之路径。

1937 年 8 月，南京国民政府做出决定，让北京大学、清华大学、南开大学等三校师生立即撤出平津，在湖南长沙组建临时大学。撤退的命令一经传开，三校师生便各自设法脱逃，从平、津两地前往湖南长沙。因撤退决定较为仓促，逃离的过程便十分慌乱。三校师生“各显神通”，虽历经磨难，但也最终抵达长沙。1937 年 11 月 1 日，国立长沙临时大学正式开始上课，这一天便被定为国立西南联合大学的校庆日。

但安宁的日子没有持续太久，1937 年 11 月 24 日长沙便遭日军轰

---

① 北京大学，清华大学，南开大学，云南师范大学编．国立西南联合大学史料（总览卷）．昆明：云南教育出版社，1998：284.

炸，在战乱中办学的艰辛日益加剧。1937 年 12 月，南京陷落，日军直逼武汉，长沙告急，办学难以持续。于是，三校只能考虑再次迁移。1939 年底，学校请准教育部将学校迁至昆明。西南联大之所以迁往昆明并且能够扎根，一方面缘于避开战乱的急迫，另一方面得益于昆明的地形优势及云南政府的大力支持，特别是唐继尧等人的鼎力相助。

1938 年 1 月 22 日，三校发布《长沙临时大学关于迁校的布告》，昭告“本校商承教育当局迁往昆明”。1938 年 2 月，长沙临时大学西迁师生分三路入滇：一路是教职工、女生以及体弱之人，乘坐火车沿着粤汉铁路至广州、香港，然后乘船到越南海防，最后转乘火车自滇越铁路到昆明；一路由中将参议黄师岳担任团长，由 284 名男生和 11 名教师（黄钰生、闻一多等）组成“湘黔滇旅行团”，徒步 1300 公里，横跨湘黔滇三省进入昆明；另一路则由十余名教师沿湘桂公路途经桂林、柳州至南宁，再由越南转火车从滇越铁路到达昆明。1938 年 4 月，三路师生先后抵达昆明，国立长沙临时大学改称国立西南联合大学，从此进入一个新的发展时期。长沙临时大学此次迁滇前后历时 68 天、行程近 3500 里，被誉为“中国教育史上的长征”。

西南联大理、工学院的校舍最初暂借用昆明昆华农校、昆华工校、昆华师范、昆华中学及拓东路迤西会馆、全蜀会馆、江西会馆等地。由于各方人员大量涌入，而昆明的基础设施并不能完全接纳西南联大师生，迫于无奈，便在蒙自设置分校。1938 年 3 月 18 日，时任北京大学秘书长郑天挺作为国立西南联合大学在蒙自建立分校的北大先期筹备人员到达蒙自。1938 年暑期，因海关房屋为航空学校征用，在蒙自的西南联大文法学院师生返回昆明。8 月教育部命令增设师范学院，联大校舍困难愈加突出。同年，西南联大在昆明大西门外购置土地 124.45 亩作为校址基地，聘请梁思成、林徽因为校舍建筑工程顾问，成立了以黄钰生为主席的校舍委员会，以负责校舍设计建盖工作。但施工须有时，校舍短缺的问题暂时依然很严峻。

1938 年 9 月 28 日，国立西南联合大学教职员宿舍被日机炸毁，使得学校的生存条件也更加艰苦，加上当时西南联大的校舍分散，生活问题也日益加剧。10 月 6 日，学校第 89 次常委会讨论决定，将文、法两学院及师范学院一部分专业师生（文科）迁往晋宁盘龙寺，并立即在盘龙寺一带筹建校舍，为其他各学院陆续迁往晋宁做准备。经过与云南省教育厅洽谈和磋商，在云南省教育厅的鼎力支持之下，决定将昆华工业学校校舍借给文法学院为教室和宿舍，昆华师范的中院、西北院为学生及教职员宿舍，大西门内文林街昆华中学的南院为师范学院教室，北院为师范学院新生及其他各系高年级学生宿舍；而理学院的教室、实验室及学校各行政部门办公室仍在昆华农业学校，没有变化，各系一年级学生在该处上课；工学院的教室、宿舍、办公室仍在拓东路迤西会馆、江西会馆及盐行仓库等处，总办公处则被迁至龙翔街工校。新校舍 1939 年 4 月竣工，下半年投入使用。这些建筑物主要包括 100 多间低矮简陋的土墙泥地草顶的平房（茅草屋）、铁皮房及较高大的图书馆和饭堂，“联大文、理、法商三院的教室、实验室和学生宿舍都在这里。”①

西南联大到昆之初设四个学院：文学院、法商学院、理学院和工学院。1931 年 1 月新设电讯专修科，又设在职教员进修班（学制一年），同时开办先修班。1938 年 8 月，根据教育部要求，为解决云南师资问题，学校增设师范学院，1941 年又增设师范专修科。由此，“西南联大共有 5 个学院、26 个系、2 个专修科、1 个晋修班和 1 个先修班，是当时国内规模最大的高等学府之一”②。

### （二）西南联大所创之奇迹

#### 1. 办学特色鲜明

西南联大不设校长，实行常委负责制，由梅贻琦为常委会主席，管理学校校务。首先，在治校管理上，梅贻琦主张“教授治校”，把教授看作学校的主人。教授既要教好书，也要参与学校的民主管理；教授们可以在教授会上充分发表意见，对学校治理建言献策。西南联大成立了由教授和副教授组成的学校教授会，具有不可动摇的权威性；学校的教学、科研、大政方针、重要行政工作和对外事务等重大事务，都通过教授会审议和决定。

其次，自由平等民主。北大、清华、南开三所大学各有特色，组成联大以后，会集了一批著名专家、学者、教授，可谓师资充实，人

---

① 任继愈. 自由与包容：西南联大人和事. 南昌：江西教育出版社，2017：24.
② 吴宝璋. 享誉世界的西南联大. 昆明：云南教育出版社，2012：25.

才济济。但在八年多的办学历程中，西南联大融合了北大的“兼容并蓄”之风、清华的“严谨求实”之风和南开的“活泼创新”之风，形成自由宽容、博大深宏的扎实学风。在西南联大，师生之间平等相待，和睦融洽。文科研究所的研究生和导师们吃住在一起，朝夕相处；教师之间，学生之间，不论年资和地位，相处亲如朋友，一起学习讨论。老师从不强迫学生学什么，学生则按照自己兴趣认真学习。

西南联大以“通才教育”作为学生培养目标。梅贻琦认为“大学重心所寄应在通而不在专”①，主张学生在“博”的基础上求专求精。为此，学校开设了大量课程，鼓励学生广泛涉猎，独立思考，自觉钻研，不读死书。据《享誉世界的西南联大》所统计，联大仅 8 年时间就开出 1600 门以上课程，且还不包括重复课程，比抗战前三校中任何一校都齐全、充实和完备②。学校师资充裕，很多课程通常有多位教授同时开讲，学生可以自由选课，根据自己的喜好选择上课教师：课讲得好的，门庭若市，反之则无人问津。这使得众教授使尽浑身解数，将授课变成一场学术竞赛，民主学风高扬。

第三，严格管理。联大有自由的学风，但并不意味着散漫。学校管理非常严格。一方面，招生非常注重生源质量，录取的学生“多属一时之秀”，“一般都是成绩优异、基础扎实，自学能力较强的”③。

---

① 刘述礼，黄延复．梅贻琦教育论著选．北京：人民教育出版社，1993：99.

② 吴宝璋．享誉世界的西南联大．昆明：云南教育出版社，2012：74.

③ 李埏．不自小斋文存．昆明：云南人民出版社，2001：876.

另一方面，学生入学后，注重培养质量，实行淘汰制，大考小考不断，学生必须修满学分方能毕业。据校史资料计算，西南联大学生的淘汰率约为 38%。正是因为严格要求，才能培养出如此多的优秀人才。

2. 办学成绩斐然

虽然物质条件极为困窘，但西南联大各系学人始终关注国际前沿的学术进展和教育改革，办学水准和成绩亦举世瞩目。

首先，科研成果丰硕。1939 年，在各项工作基本进入正轨后，西南联大恢复了三校的研究机构，共有 14 个研究所（室）。其中，北京大学有 3 所：文科研究所、理科研究所和法科研究所。南开大学有 1 个研究所（商科研究所）及 1 个边疆人文研究室。清华大学研究所数量最多，有 4 个学科研究所，分别是文科研究所、理科研究所、法科研究所和工科研究所，还有 5 个特种研究所：农业研究所、航空工程研究所、无线电研究所、金属学研究所、国情普查研究所。这些研究机构与联大各院系相辅相成，尽管条件艰苦，科研成果却非常丰硕。仅 1941—1946 年，教育部一共进行了六届学术奖励，西南联大教师获奖甚多。据统计，西南联大获奖教师达 33 人次，占全国六届奖励总数的 10.5%。这些研究成果和学术著作，日后都成为新中国各学科的基石。

其次，名家辈出。据统计，“就读于西南联大的学生 8000 余人，毕业 3882 人。在这期间走出了 2 位诺贝尔奖得主，6 位国家最高科学技术奖获得者，8 位‘两弹一星’元勋，9 位党和国家领导人，173 位两院院士，100 多名名师巨匠等一大批享誉世界的栋梁之材，为中华民族的教育科学文化事业等作出了重大贡献”①。

西南联大创造的办学奇迹，是中国教育史上极为独特的教育现象，对中国教育史具有划时代的意义。

### （三）西南联大精神之传承

西南联大教育救国的历史，是一代知识分子在民族危亡之际，用切身行动报效祖国的奋斗史。联大在烽火硝烟中不仅培养出大批世界一流的人才，更孕育出西南联大特有的精神品质。20 世纪 40 年代初，林语堂在考察西南联大时就惊叹道：“联大师生物质上不得了，精神上了不得！”②

#### 1. 爱国民主精神

在西南联大既讲学术自由，又讲爱国和民主。梅贻琦先生提出：“我们做教师做学生的，最好最切实的救国方法，就是致力学术，造成有用人才，将来为国家服务。”③ 在这里教师为国之振兴而教，学生为抗战建国而学，体现了“贫贱不能移”“威武不能屈”、誓死不当亡国奴的崇高民族气节。1946 年国民党政府发动内战，联大学生开展了血与火的反内战运动，展现出不屈不挠的凌云壮志。八年间，

---

① 史晓宇，诸芳．发扬西南联大爱国主义精神，筑牢文化自信之基．云南社会主义学院学报，2020（01）：92－93.

② 李红英，余冰释．西南联大教育救国．昆明：云南人民出版社，2022：27.

③ 梅贻琦．大学的意义．苏州：古吴轩出版社，2016：83.

学校先后共有1200余名学子投身于抗日救亡大军，14位学子为国捐躯①。联大师生用行动证明他们不是死读书的学者，不是读死书的学生，而是关心天下大事、关心国家命运的志士，这也是西南联大不朽的精神遗产。

2. 刚毅坚卓精神

1938年12月2日，西南联合大学第95次常务委员会决议，以“刚毅坚卓”为校训②，并周知布告。联大所处的时代，正是强敌入侵、民族危亡之时，“刚毅坚卓”正是特定时代精神与普遍大学精神的结晶。“刚毅”要求联大师生成为无私无畏之人，所谓“无欲则刚”，对物质世界或他人保持自己的主体性，同时也尊重他人的主体性，激励人坚韧不拔，刻苦自励，追求真理，建功立业；“坚卓”则要求人心之坚定，刻苦自励，勤奋学习，卓然成家，但又不慕名利地位，铁骨铮铮；不好为人师，不强为人师，而能谦恭和蔼，待人以诚，循循善诱；能移风易俗，成人之美。其目标就是保持人的主体性、人的尊严、人的价值，充分体现大学的人文精神。在整个办学过程中，联大师生将刚毅坚卓展现得淋漓尽致。到达昆明以后，师生们面临极为简陋的环境，时常要遭受日军的轰炸，也面临严重的经济困难。但在困境面前，联大师生没有丝毫退缩之意。吴大猷教授为给病

---

① 张全省．西南联大办学：抗战烽火岁月创造的教育奇迹．网易号：https：//www.163.com/dy/article/GGD6KBHB0514BKD3.html（8月2日）

② 李红英，余冰释．西南联大教育救国．昆明：云南人民出版社，2022：152.

妻治病，每天化装成乞丐，到菜市场捡剩骨头为妻子熬汤。闻一多为维持一家生计，不得不挂牌治印。华罗庚的屋子被炸后，到西郊普吉附近找了个牛圈，把牛圈上堆草的楼棚租下来居住。刘文典说："我宁愿被日机炸死，也不能缺课。"① 正是这样的刚毅坚卓，鼓舞激励了一代代联大人！

3. 科学创新精神

战时的西南联大，师生们经常命悬一线。可他们却充满了乐观主义精神，崇尚科学、开拓创新，饿着肚子做学问，冒着轰炸搞研究，才得以让一部部著作在硝烟中问世，一个个成果在艰难困苦中诞生。1940 年，华罗庚教授完成第一部开创性数学专著——《堆垒素数论》，被称为"中国现代数学之父"；1942 年初，闻一多出版的楚辞研究专著《楚辞校补》，不仅为《楚辞》校勘集大成之作，也是古籍校勘整理的重要成果；冯友兰的《新理学》既是其哲学思想成熟的标志，也是他一生治学的最高成就，更使他成为继往开来、具有国际声誉的大师。这些在艰苦卓绝的环境中奋力探索结出的不易之果，这所仅存在过八年多的大学，成为数代读书人心中的珠穆朗玛峰。

4. 联大精神世代流芳

作为联大精神的传承载体，除了校训，校徽、校旗、校歌也是联大精神的体现符号。

---

① 潘剑冰. 民国课堂. 南宁：广西人民出版社，2013：87.

西南联大的校徽为一个大的三角形中内设三个三等分三角形，图形之上写着“联大”二字，三角形间形成三点合一的交汇点，暗含三校联合，有团结奋进之意。校旗的整面旗帜呈长方形，图案包括一个紫色的等腰三角形（南开、清华的校色为紫色），三角形上有黑色的“国立西南联合大学”字样（北大校色为黑色），三角形上下两腰各镶配一个白色直角三角形，寓意三校联合稳固而坚定。（图 2－2）

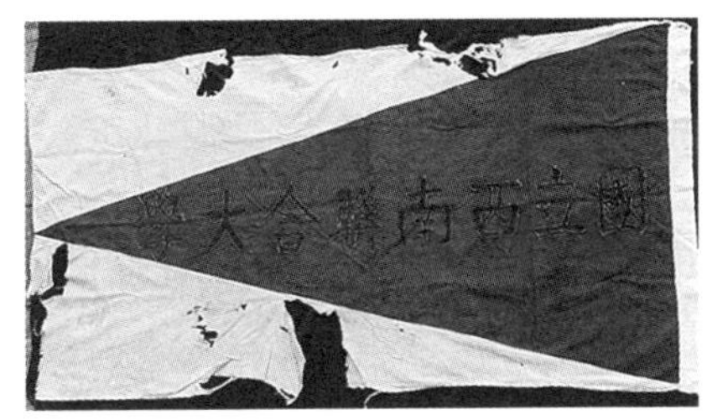

**图 2－2　国立西南联合大学校徽、校旗**

1938 年 10 月，学校聘请冯友兰、朱自清、罗常培、罗庸、闻一多组成校歌校训编制委员会，定夺校歌校训事宜。10 月 30 日，校歌委员会讨论用罗庸的词为校歌歌词，请已经毕业的清华大学中文系研究生张清常谱曲。在广西宜山的张清常 12 月将完成制的曲谱寄交联大校歌委员会，得到一致通过，成为国立西南联合大学校歌曲谱。校歌采用的词和韵与民族英雄岳飞的千古绝唱《满江红》相似，对联大师生产生了极大鼓舞作用。歌词如下：

万里长征，辞却了五朝宫阙，暂驻足，衡山湘水，又成离别。绝徼移栽桢干质，九州遍洒黎元血。尽笳吹，弦诵在山城，情弥切。

千秋耻，终当雪。中兴业，须人杰。便一成三户，壮怀难折。多般殷忧新国运，动心忍性希前哲。待驱除仇寇，复神京，还燕碣①。

2020 年 1 月，习近平总书记到云南考察期间调研西南联合大学旧址，参观西南联大博物馆，了解抗战期间西南联大师生教书救国、读书报国的光荣历史，并在现场作出重要指示：

国难危机的时候，我们的教育精华辗转周折聚集在这里，形成精英荟萃的局面，最后在这里开花结果，又把种子播撒出去，所培养的人才在革命建设改革的各个历史时期都发挥了重要作用。这深刻启示我们，教育要同国家之命运，民族之前途紧密联系起来。为国家、为民族，是学习的动力，也是学习的动机。我们现在教育的目的，就是要培养社会主义建设者和接班人，培养有历史感责任感、志存高远的时代新人，不负韶华，不负时代。②

习近平总书记既高度肯定了西南联大的伟大创举，又对高等教育

---

① 李红英，余冰释．西南联大教育救国．昆明：云南人民出版社，2022：57.

② 史晓宇，诸芳．发扬西南联大爱国主义精神，筑牢文化自信之基．云南社会主义学院学报，2020（01）：90－91.

发展提出了新要求。昂首阔步于新时代，我们要继承和发扬西南联大的爱国主义精神，继承和发扬其办学传统和学术精神，用习近平新时代中国特色社会主义思想铸魂育人，把个人前途命运与国家和民族的前途命运紧密相连，把个体奋斗融入实现中国梦的时代洪流中，以爱国、担当、自强的姿态，奋进在中华民族伟大复兴的前行之路上。

# 怡然清雅话文韵

晓风拍岸，青柳垂绦！翠湖曾听闻永历帝深夜难眠的叹息，也曾流淌陈圆圆红颜多舛的眼泪；曾激荡护卫共和的风云，也曾抛洒反对独裁的热血；曾文人学者云集，也曾行伍英雄辈出；曾记录下朱德追求光明的沉重思考，也曾回响着聂耳翠堤春晓的悠扬琴声……这里，汇聚历史文化遗痕，凝注民风民俗百态，展尽人间烟火气息。本篇将从名胜古迹、民风民俗、饮食文化和文学书写四个方面，与君踱步翠湖畔，领略千年万古情。

## 一、名胜古迹

翠湖历史文化底蕴深厚，西岸是曾经的军事用地，北岸为文化教育胜地，南岸作为居民生活宝地，目之所及遍布古迹遗痕。

### （一）九巷十三坡：昆明老街的文化风骨

说起翠湖历史文化街区，“九巷十三坡”跃然纸上。据史料记载，“九巷”的确切划分可追溯到清朝及民国时期，“十三坡”则在明清时期。但据史料考证，“九巷”与“十三坡”多有重叠，其中丁字坡、贡院坡、小吉坡、先生坡、西仓坡、沈官坡和莲忠寺坡七条街巷既属于“九巷”又属于“十三坡”。因为史料有限，许多信息都是口口相传，或是根据民间传闻延续至今。目前，一些街巷已随着城市更新渐渐隐没于市井之中，但也在岁月长河中留下了属于昆明的独家记忆。“九巷”“十三坡”用遗迹和史痕书尽故事，用一砖一瓦串联起“文、憩、武、趣、忠”等历史文化根脉，融汇了历史感、故事感、烟火气与人情味，是昆明城不可或缺的一部分。通过参考昆明五华发布微信公众号“翠湖‘九巷十三坡’：在城市烟火气中寻到春城文脉”等推文，以下将呈现九巷十三坡的古风今韵。

1. 九巷

“九巷”包括小吉坡、先生坡、贡院坡、丁字坡、沈官坡、桑梓巷、荩忠寺坡、仓园巷、西仓坡。

小吉坡。纵观明清昆明城地图，文林街有两条通往翠湖的小径，小吉坡作为其中之一，连接翠湖北路与文林街。相传“小吉”二字取自“佳言吉语”一词。小吉坡原为一片荒坡，清代以后，达官显贵居住于此；他们祈盼生活安定，事业昌盛，因而用吉字来命名寓所旁的街道。如今的小吉坡两旁为居民住宅区，临近文林街的两侧为昆明市教育科学研究院和一家颇有格调的餐馆——小吉坡 8 号。小巷里成荫的柳树、四散的榆钱香是许多老昆明人永恒的记忆。

先生坡。南起翠湖北路，北至文林街，与小吉坡并肩，作为文林街上通往翠湖的另一条小径，先生坡成为翠湖边富有历史韵味的街巷景观。明清时期，这个距离贡院不远的坡巷常年开设驿馆，云南各地到昆明的考生们都居住于此等待考试。彼时，为了防止考官评阅时认出熟识的字迹，为杜绝舞弊，所有考生的“真卷”都要专门由相关人员誊录为“草卷”。而这些誊录考卷的人员也长期居住在这个坡的周边，当时民间就常说这个坡住满了“誊录先生”。西南联大在昆明办学时，有不少教授、作家、诗人和学者也住在这里，附近的居民称这些有文化的人为“先生”。在他们眼中，这里住满了“先生”，久而久之老百姓就把这里称作“先生坡”。

贡院坡。因贡院而得名，现为云南大学正门西面上坡一段。明清时期的贡院大门旁有一个坡，坡底大概位置在今天云南大学正门的西面一段。贡院乃清朝科举考试之地，占地较广。康熙四十七年（公元1708年），考场用房多达4865间。旧时居住在文林街、青云路（今文林街靠翠湖方向临近青云街一段）以及周边的考试人，前往贡院都会经过这个坡。久而久之这个贡院门前的坡，就被市民叫作“贡院坡”。今时今日，贡院坡属于文林街的一部分，地理位置上处文林街靠近翠湖方向的尾段。

丁字坡。南起青云街，北至北门街，紧挨着云南大学校园，与北门街相交呈“丁”字，故名为“丁字坡”。曾经的私立东陆大学（云南大学前身）的校门开口面对丁字坡方向，自清朝时期这里就热闹非凡。参加考试的人从北城门沿丁字坡而下到贡院考试，前往翠湖游玩也会途经这里，朱自清先生就曾在此居住。如今的丁字坡一面紧挨着云南大学校园，另一面有石台阶，是市民起居出行的必经之路。沿街有居民小区、银行、美容院、茶室等，欢闹依旧。

沈官坡。位于中和巷附近，翠湖宾馆一带。中和巷曾是昆明城内一条深长的无名巷。中华人民共和国成立后，因其将景虹街、武成路、桑梓巷和翠湖串联起来，加上巷内有石屏会馆、原来的昆明市第二幼儿园，以及另外两条小巷——吉星巷和吉云巷，遂取儒家思想的“中和”二字命名为“中和巷”。90 年代因修建省级机关宿舍，中和巷巷道缩短。传说明朝江南富豪沈万三因触怒朱元璋，被发配到云南充军，安置在现今中和巷北段。沈万三死后，昆明百姓为了纪念他，便将其寓所前的这条坡道称作“沈官坡”。如今的沈官坡一带是居民区，曾经的石屏会馆成为了本土的知名餐馆。

桑梓巷。据传桑梓巷东起景虹街，西接中和巷，又说桑梓巷本是中和巷内的一段不及八十米的小巷，后因城市规划建设而消失。从地理位置上推算，桑梓巷可能是今天的铁局路西段（景虹街西侧一段），位于居民区，紧挨武成小学、人才市场，是附近居民起居，学生上学放学的必经之路。清代因巷内有三棵大桑树得名“大桑子巷”，后因谐音演化为“桑梓巷”。“桑梓”常用作比喻家乡，出自《诗经·小雅·小弁》中的名句“维桑与梓，毕恭毕敬”。

荩忠寺坡。也写作“尽忠寺坡”，位于今天的黄公东街，北起翠湖南路，南至五一路，中间与登华街、铁局路交错。“荩”通“进”，指君王进用臣子，有忠臣之意。荩忠寺始建于清嘉庆九年（1804年），是清代供奉关羽并祭祀阵亡官兵的场所，因此门前坡道被称为“荩忠寺坡”。民国时期，为纪念辛亥革命先烈黄毓英，在荩忠寺遗址上修建“黄公祠”，“荩忠寺坡”也改名为“黄公东街”。如今这一带处于居民区，紧挨云南解放纪念馆（翠湖南路65号宅院），靠近一丘田登华街一带，还保留了年代久远的石板路。坡头有年代久远的茶室，坡脚处有成为新晋打卡点的甜品店和咖啡店。

仓园巷。东起翠湖西路，西至钱局街，与染布巷相连。清末时期，因巷内有一菜园，曾被附近居民称为“菜园子”。又邻近钱局街中段的“大西仓粮仓”，加之“菜”“仓”二字在方言里读音接近，所以又称“仓园子巷”，后逐渐叫成“仓园巷”。如今的仓园巷充满了市井气息，靠近钱局街处有“好顺路农贸市场”，沿街两旁各种小吃铺、水果摊、餐馆、商店等琳琅满目。靠近翠湖的两侧一边挨着物资大院小区，另一边挨着讲武堂。本土著名餐饮企业茴香集团旗下的“熙楼”“云南盛”位于仓园巷口。市区范围仅存的书报摊，一前一后分别在仓园巷两端。

西仓坡。东起翠湖西路，途经府甬道西至钱局街。清道光八年建太平仓，俗称“大西仓”，取名“太平巷”。清末改为“西仓坡”，一直沿用至今。民国时期曾有部分院落作为西南联大教师的宿舍，闻一多先生就曾居住于此。如今的西仓坡紧挨老旧小区，有云南师范大学幼儿园旧址和闻一多殉难处纪念碑。西仓坡还是附近居民外出买菜、散步的必经之地。临近府甬道一带有年代感十足的长廊和花坛，常有居民坐于此闲聊家常。近年来新开的文艺气息十足的咖啡店，也为西仓坡增添了热闹。

2. 十三坡

俗话说“三山四海一丘田，有山必定就有坡”，十三坡作为五华区富有特色的地名集群，集中在五华区北部，主要分布于翠湖周围，长短不一、高度各异。“十三坡”包括丁字坡、贡院坡、小吉坡、先生坡、西仓坡、沈官坡、莲忠寺坡、北仓坡、学院坡、篦子坡、永宁宫坡、牛角坡、熟皮坡。它们或因纪念历史人物事件命名，或因地形、地理位置命名，或因周围建筑、路标命名，或因居住者身份、诗词佳句命名。它们是时代发展的历史见证者，无声地诉说着关于昆明的古老故事，跨越时空将我们与曾经生活在这些地方的人们紧密相连。与前文“九巷”重复的丁字坡、贡院坡、小吉坡、先生坡、西仓坡、沈官坡和莲忠寺坡这里不再赘述，下面主要介绍北仓坡、学院坡、篦子坡、永宁宫坡、牛角坡、熟皮坡。

北仓坡。位于北门街东侧，因靠近北城门，北段又靠近清朝时期建的“小惠仓粮仓”，故而命名“北仓坡”。现北仓坡北邻圆通山昆明动物园，东邻北门书屋旧址，沿街两侧除居民小区外陆续新增了一些充满青春朝气的精致小店——咖啡店、小吃店、甜品店以及一家别具一格的越南牛肉汤粉店。结合北门街日益热闹的业态，这些小店集中扎堆在北仓坡，现已逐渐成为新晋打卡点。

学院坡。旧时圆通山下有一条通往翠湖的陡坡，相传有五百多米长。清康熙年间在坡南侧的积善街修建了“云南提学使署”，因此积善街的这一段坡便得名“学院坡”，民国时期积善街改名“大兴街”，老百姓渐渐就把学院坡喊成了“大兴坡”。大兴坡已不复存在，现为圆通街靠近翠湖一段。曾经的这条坡较窄，如今已改建成连接圆通山、北门街、青云街和华山西路、翠湖西路的一条宽阔的四车道马路。现坡脚设有李公朴先生殉难纪念碑。坡的一侧是居民小区，另一侧则是年代久远的珠宝店、茶叶店和颇具盛名的推拿养生企业，以及近年来搬迁至此的知名素食店。

篦子坡。华山西路中段，临近昆明市妇幼保健院、利昆巷及翠湖宾馆行政会所，市民可从此处通往翠湖公园、翠湖宾馆以及云南起义纪念馆（卢汉公馆）等地。清吴三桂遣使者入缅，迫使缅王交出流亡的南明王朝最后一个皇帝朱由榔（永历帝）及其家属，囚于五华山西侧的金蝉寺。金蝉寺后有一个“篦子坡”，相传吴三桂奉清廷诏书在此逼迫永历帝自缢（又传吴三桂用弓弦将其绞杀），后人因此事以谐音将篦子坡叫成“逼死坡”。清朝时期的地方官员认为“逼死坡”名有损清廷声誉，曾改名为“升平坡”，意指“升平盛世”；但民间仍习惯称呼“逼死坡”。现址还有后人立的“明永历帝殉国处”石碑。

永宁宫坡。现为昆明华山东路上段，位于五华山东侧的祖遍山，南起华山东路，北至平政街，与螺峰街、牛角坡（节孝巷）相连。据史料记载，宋朝时期曾在祖遍山顶修建了供奉岳飞的永宁宫，山下通往山顶的这条路就被叫作“永宁宫坡”。相传永宁宫坡的下段有着大、小“绿水河”，双塔与河水交相辉映，曾有“绿映双塔”美誉，也曾是传说中的“昆明八景”之一。之后取而代之的是城市发展变迁的楼宇房厦，大、小绿水河也不复存在，唯一留下的只有双塔以及曾经通往山顶的永宁宫坡。民国时期永宁宫坡一带逐渐成为居民区，彼时的民主人士宋嘉晋在此修建“东苑别墅”，即现今的“一栋洋楼”，据说昆明最早的涮肉火锅店也开在这里。

牛角坡。位于现在的节孝巷，东起青年路，西至华山东路和平政街一带。明代建城后，因从坡顶向下看整条巷形似牛角而得名“牛角坡”。清末以巷内建有“姜孝子祠堂”得名“崇孝巷”，后又改称“节孝巷”。传说一位无父无母的姜姓盲人靠乞讨孝敬收养了一位居孀守寡的老妇人，在老妇人病故后，他用平日讨来的铜钱、银币买棺木葬了老妇人，如此孝举深深感动了街坊邻里。姜死后，邻里在巷中为其建“姜孝子祠堂”，以教育后人孝顺父母；同时，在巷西口建有三门石牌坊一座，上书“节孝巷”三个大字。1926 年 11 月 7 日，中国共产党云南第一次党员会议成功在节孝巷 39 号举行，中国共产党云南特别支部正式成立，并将节孝巷 39 号作为中共云南支部的活动地点。之后，节孝巷便成为中共云南地下党建党旧址。此地成为酝酿云南革命火种的神圣殿堂，现在是云南省爱国主义教育基地。如今这一带聚集了旅馆、民宿、餐馆、小吃店、肉店等，生活气息浓郁。

熟皮坡。现已不复存在，从地理位置上进行推断可能曾经位于长春路中段的正义路和如意巷之间的某个区域，又或是如意巷和兴华街之间的某个区域，属于人民中路中段。元朝时期，此地曾是一条长满了杉树的坡道，人们常到此处砍树做材料，剩下的树皮堆积坡道，因此得名“树皮坡”。相传清朝时这一带聚集了不少手工作坊，许多手工制皮作坊把剩下的生兽皮经过硝面熟制做成熟皮以便保存，于是“树皮坡”演变成了“熟皮坡”。

近年来，五华区结合翠湖“九巷十三坡”“小三山一水”等文旅资源，用活“翠湖 IP”打造“翠湖 15 分钟文化艺术圈”，一批有特色的咖啡馆、书店、花店、餐饮店铺等富集于此。翠湖摩登雅集、咖啡文化节、银杏艺术节、民间艺术画展等一批新派活动的举办，让市民和游客在这里有吃、有玩、有看、有乐，让如今的“九巷十三坡”迸发出新的“烟火气”。

### （二）片区文物保护单位

根据昆明市五华区博物馆馆长徐世昌先生提供的资料及笔者整理，目前翠湖历史文化片区的文物保护单位主要有云南陆军讲武堂旧址、昆明卢氏公馆、云南大学会泽院等共 22 个，详情如下表。（表 3－1）

**表 3－1　翠湖片区历史文物保护单位一览表**

| 序　号 | 名　称 | 地　点 | 保护等级 |
| --- | --- | --- | --- |
| 1 | 云南陆军讲武堂旧址 | 翠湖西路 22 号 | 全国重点 |
| 2 | 昆明卢氏公馆 | 翠湖南路 4 号 | 全国重点 |
| 3 | 云南大学会泽院 | 翠湖北路 2 号（云南大学） | 全国重点 |

续 表

| 序 号 | 名 称 | 地 点 | 保护等级 |
|---|---|---|---|
| 4 | 国立西南联合大学旧址 | 一二一大街298号 | 全国重点 |
| 5 | 朱德旧居 | 小梅园巷3号红花巷4号 | 省级 |
| 6 | 云南贡院（含至公堂、东号舍） | 翠湖北路2号（云南大学） | 省级 |
| 7 | 云南大学映秋院 | 翠湖北路2号（云南大学） | 省级 |
| 8 | 熊庆来、李广田旧居 | 翠湖北路2号（云南大学） | 省级 |
| 9 | 云南第一天文点 | 翠湖北路2号（云南大学） | 省级 |
| 10 | 石屏会馆 | 中和巷24号 | 省级 |
| 11 | 闻一多殉难处碑 | 西仓坡6号 | 市级 |
| 12 | 黄武毅公祠 | 毓英小学内 | 市级 |
| 13 | 云南大学物理三馆（含钟楼） | 翠湖北路2号（云南大学） | 市级 |
| 14 | 周钟岳旧居 | 翠湖北路18号 | 市级 |
| 15 | 袁嘉谷旧居 | 翠湖北路5号 | 市级 |
| 16 | 王九龄旧居 | 翠湖北路3号 | 市级 |
| 17 | 陆崇仁旧居 | 翠湖南路65号 | 市级 |
| 18 | 北门书屋 | 北门街68号 | 市级 |

续　表

| 序　号 | 名　称 | 地　点 | 保护等级 |
|---|---|---|---|
| 19 | 昆明自来水泵房旧址 | 翠湖公园内 | 市级 |
| 20 | 赵公祠 | 翠湖南路 19 号 | 区级 |
| 21 | 李公朴殉难处 | 圆通街 1 号 | 区级 |
| 22 | 明永历帝殉国处碑 | 华山西路坡头 | 区级 |

其他篇目中涉及的保护单位此处不再赘述，本篇主要补充以下文物古迹简介：

1. 云南第一天文点：云大一隅的“经天纬地”

走进云南大学东陆园，行经古桐道，一直往下走就会看到一个叫作“云南第一天文点”的地方。这校园一隅，与周围巍峨挺立的建筑相比显得格外质朴，甚至难以被发现，但在其背后却有“经天纬地”的大故事。追根溯源，还得从元代说起。

昆明是我国实测天文点的理想位置之一。元代郭守敬主持“四海测验”时所设的二十七个测景所中就有滇池观测所。我国早期大地测量定位标志，始测于清康熙四十九至五十七年（1710—1718 年）。康熙帝作为中国古代最重视科学技术的帝王之一，高度关注地图测绘工作。在康熙主持下，邀请西方人士一道在全国开展了大规模的地图测绘活动，并最终完成了《皇舆全图》的测绘工作。初测数据为：云南府昆明县北极高 25°6′，京师偏西 13°38′。为纪念此项在天文史上具有重要科学价值和历史意义的成果，事后学校在测绘点竖立了一块刻有记述此次复测经过的石碑。石碑中间镶有一个记录测绘数据的铜牌，并由时任何瑶校长亲笔题写了“云南第一天文点”的字样。

1934 年云南省教育厅、云南大学、昆明一得测候所组织复测，数据为：东经 102°41′58. 88″，北纬 25°3′21. 19″。这是我国除北京古观象台外唯一原测经纬度的确切点位，也是我国第一次新法测绘最早、最准确的昆明经纬度基测，具有重要的科学研究价值和历史价值。该点 1993 年被确定为云南省文物保护单位。

2. 黄武毅公祠：解放云南的乾坤正气

在翠湖南侧，黄公东街 8 号，有一个黄公祠，是滇中父老为纪念黄毓英而立下的祠堂。昆明解放后，黄公祠被改建为东风小学。1987 年昆明市纪念“重九起义”76 周年时，为缅怀革命先烈的英雄业绩，昆明市人民政府把原东风小学内的“黄武毅公祠”列为市级文物保护单位，并建立了“辛亥革命英烈黄毓英纪念亭”，东风小学更名为“毓英小学”。

黄公即黄毓英（1885—1912），字子和，云南会泽县人，清光绪二十九年（1903 年）留学日本，因为经常聆听孙中山、章太炎“同盟会”等人的演讲，接受了资产阶级民主革命思想，立志救国。加入同盟会后，他在反清斗争中成为坚定的革命党人。

光绪三十四年（1908 年），河口起义爆发，黄毓英弃学回国，驰援河口起义。河口起义失败后，正在香港的黄毓英按照孙中山先生的指示，从新加坡经缅甸潜入滇西；途经仰光时，黄毓英创办了著名的

《光华日报》。他在华侨中发表演讲，宣传“同盟会”纲领和孙中山的革命思想，成立了“同盟会”仰光分会并担任会长。

黄毓英到云南后，辗转于腾越、永昌等地，积极发展“同盟会”会员，开辟了民主革命根据地，并与革命进步人士杨振鸿和清末云南反清群众组织哥老会骨干成员马骧密切合作，共同进行民主革命宣传工作和反清活动，为云南的反清斗争奠定了思想和组织基础。三人被称为“云南早期反清革命三杰”。

1911 年 10 月 10 日，武昌起义爆发。在云南革命党人 10 月 28 日召开的第五次共商起义计划的秘密会议上，黄毓英坚决主张立即起义，并且推举蔡锷为起义军总司令。10 月 30 日晚，黄毓英率领士兵打响了辛亥昆明武装革命的第一枪，为“重九起义”建立首功，被誉为“光复首功者”。

“重九起义”成功后，黄毓英率部前往四川、贵州支援革命，剿匪安民。1912 年 5 月，在回云南的路上，行至贵州铜仁时，黄毓英被埋伏在路边的土匪暗杀，年仅 28 岁。1913 年 8 月 28 日，黄毓英遗骸运回昆明时，过万昆明各界人士自发出城迎接。为了表彰他的功绩，云南军都督府赠谥号“武毅”。蔡锷将军亲自主持了他的追悼会并亲自撰写《黄武毅公墓志铭》，称赞他在云南辛亥革命中“立定大计，数言取决”，“智信仁勇”“英风烈烈”，痛感“惟公之死，如断左臂”。各民间团体集资为其兴建黄武毅公祠，立于翠湖之南。孙中山对黄毓英作了高度评价，亲笔为黄武毅公祠题写了“乾坤正气”的匾额。

回顾黄毓英如烟火般绚烂热烈的一生，在短短的 28 年里，东渡日本，远走缅甸，弃学从军，宣传革命。他为云南的解放做出了巨大贡献，宛如天际划过的一颗耀眼的流星，虽然昙花一现，但是他的勇毅和果敢将永远留在云南人民心中。

3. 云南大学理科三馆（含钟楼）：风云见证者

云南大学校园内有很多历史建筑，它们风格迥异，却又交相辉映。20 世纪 50 年代，新中国进入建设社会主义的热潮中，中华民族伟大复兴的美好愿望极大增强了民众的自豪感。当时我国受苏联社会主义文化的影响极大，在此背景下产生的建筑也深受苏联设计思想的影响。理科三馆正是在这个特殊时期修建的。可以说，理科三馆是西方、苏联以及中国传统设计智慧的结晶。尽管受时局影响，设计思路几经修改与简化，但主体仍然保留原有气质，仍不失新颖美观、大方独到之处。

1955 年，云大理科实验楼（理科三馆）落成。该楼的设计者为云大工学院土木系教授姚瞻。整栋建筑呈“工”字形结构，西端为生物馆，东端为化学馆，中间为物理馆，三馆由 2 架天桥连为一体。整个建筑面积 1.3 万多平方米，在当时的昆明地区属一个较大规模的工程项目。建筑立面强调横三段、纵三段式，建筑屋顶为陡坡斜顶，两端的化学馆和生物馆建筑层数为 3 层，中间的物理馆建筑层数为 4 层。三栋建筑的外墙底部加有勒脚，其作用是防止地面积水及屋檐雨水的侵蚀，从而达到保护墙面、保证室内干燥、提高建筑耐久性的目的。

两端的生物馆和化学馆入口立面中间段为入口门廊。门廊贯穿三层空间，由 6 根高约 12 米，直径为 120 厘米的西洋柱式支撑，并带有山墙。与门廊支撑的西洋柱相对应的建筑立面也有凸出的方形石质壁柱，壁柱保留同西洋柱相同的柱头、柱础。西洋柱式同会泽院柱式类似，在仿多立克柱式的基础上，加入中国传统柱式的柱础。柱子下粗上细，刻有圆形花纹。入口大门保留原来红木门的样式，外墙窗套已改为现代金属质。

20 世纪 50 年代新中国成立后不久，百业待兴，云南大学何以建成这样一座大体量实验楼呢？1953 年暑假，时任高等教育部部长的杨秀峰、副部长的黄松龄亲率包括清华大学、北京大学、南开大学、中山大学等国内 10 所高等院校的负责人到云南大学开展“观摩、学习、交流”。在参观结束之后的会议上，杨秀峰部长宣布“高教部决定，由西南高教局拨款给云大，新建一栋实验楼以示表彰”，速度之快，口气之决，让人振奋！这又是为何呢？这是因为当时云大物理系的师生在艰苦简陋的条件下，克服困难，努力钻研，居然造出了全国领先水平的物理实验仪器。这着实令人震惊和钦佩，因此，国家拨款修建新的教学实验楼以示奖励。

2005 年，云南大学理科三馆（含钟楼）被列为昆明市级文物保护单位。理科三馆建成至今已有 60 余年，依然宏伟庄严，大圆柱流露出些许贵族气息，象征实验室本身的神圣和权威。理科三馆承载了云大的发展变迁；那些属于云大的芳华，至今仍在。

在云南大学理科实验楼建成后，兴建了配套工程水塔兼作钟楼。塔共7层，高26米，连塔顶钢架共高30米，由云南大学土木系主任姚瞻教授设计。云大校园有一景为“钟楼接晖”，太阳的光芒照射在整个校园，透过钟楼看到的光辉实为一道独特的风景。姜文导演的电影《太阳照常升起》等影视剧在此取景。

4. 石屏会馆：晚清遗风里的文化盛宴

位于昆明市翠湖南路中和巷24号的石屏会馆，始建于清乾隆年间，迄今已有200余年历史。这座饱经风雨、见证历史的老屋，历经重建、修缮，方有今日光景，是目前昆明市唯一幸存且保留完整的外地在昆所建会馆。2019年，石屏会馆入选云南第八批省级文物保护单位。

石屏会馆与名震西南的石屏商帮同根而生。石屏商帮的产生主要与石屏地区独特的资源环境和地理位置有关。石屏岩溶多、耕地少，本就资源匮乏；又因明成祖朱棣继位后，将前朝旧臣及其家眷大量贬往云南边地，人数多达10万之众。其中，大批有文化的官宦及士大夫定居石屏，兴办私塾，续传家学，在石屏开了“书香门第”之风。读书风气自此大盛，将原属蛮荒之地的石屏变为“文献名邦”，为石屏会馆的建立奠定了一定的文学基础。但同时，人口数量的增加使得资源匮乏情况加重，加速了石屏人外出经商的进程。

随着人口数量与日俱增，仅靠捕鱼狩猎不足以生存。加之石屏独特的地理位置，东连百越、西通思普、南接江外的特殊区位，成为历代兵家必争之地，使其屡遭战乱，难得安宁。因此，“走西头”经营商帮成为石屏人的选择。明朝末期到清朝初期以及民国初年到抗战时期，是石屏人“走西头”的两大高峰期。石屏商帮翻山越岭，艰难跋涉，风餐露宿，在兵戈与匪丛中穿梭贸易，用血泪、勇气与智慧谱写了商帮的辉煌。

石屏人“走西头”经营商帮，不免在沿途云集，为满足同乡需要，在全国修建了 17 所会馆，省城昆明的石屏会馆便是其中之一。一个普遍认可的说法是，该会馆初建于清乾隆年间，迄今已有 200 余年历史。

自建立之日起，石屏会馆在多方面发挥着积极作用。例如，随着西双版纳、普洱的茶叶生产和贸易迅速崛起，石屏等地的茶帮运销茶叶至昆明、大理、丽江、省外及东南亚等地，沿途的会馆功不可没。自明永乐九年（1411 年）开科取士以来，石屏学子积极参加科举考试，举人、进士、翰林层出不穷，还出了状元袁嘉谷。不少石屏人通过科举考试进入中央及地方政权，也离不开会馆的助力。

清道光年间，出任云贵总督的林则徐亲临石屏会馆。耳闻石屏的风土人情，目睹会馆的建筑格局，欣然题写“三岛淳风”匾额，颂扬石屏的人文精神。“三岛”指的是石屏异龙湖中原有的大瑞城、小瑞城和马板垄三个秀美岛屿。此后，石屏举人朱奕簪也曾为石屏会馆题写对联：“不知何者，是谁出门入门，沽酒买鱼，一样龙湖风味。

似曾相识，归来旧雨今雨，提襟对榻，重联昆池云情。”①

1921 年，在云南状元袁嘉谷与知名人士张芷江的提议与主持下，在昆明经商求学的石屏人集资重修了石屏会馆。依原貌修建的会馆占地 4.5 亩，房屋为三重三院土木结构，屋后还有占地近 2 亩的花园。后因武成路改造，花园被拆占。沿着翠湖南路转入中和巷，仰望会馆大门，匾额上是苍劲有力的“石屏会馆”四个大字。

5. 翠湖南路 65 号宅院：云南历史的见证

2019 年 12 月 31 日，位于昆明市翠湖南路 65 号的云南解放纪念馆正式对外开放。纪念馆原为解放前云南省财政厅厅长陆崇仁的私宅，始建于民国时期，为一幢保存完整的法式洋楼。南面二层附楼为昆明军管会入驻时所建，建筑面积 1300 平方米，总占地 3800 余平方米。1983 年以前，65 号宅院曾作为云南省外事办公室的驻地，1985 年后改为省政府老干部活动室，2019 年 5 月交付五华区政府作为开放的博物馆使用。2019 年 7 月，五华区人民政府在该宅院的基础上进行修缮改造，通过文化展板和历史文物具体展现了云南解放的全过程，还原云南起义与昆明保卫战、滇南追歼战役、解放大军入昆、昆明军管会成立、建立新政权、中央领导人在此地办公等重大事件。2001 年被列为昆明市级文物保护单位。

翠湖南路 65 号宅院从近代以来就是云南省军政工作的核心基地。

---

① 解维汉．中国衙署会馆楹联精选．西安：陕西人民出版社，2006：227.

云南解放初期，这里作为中国人民解放军西南军区昆明市军事管制委员会的驻地，是昆明军管会主任陈赓、云南省第一任省委书记宋任穷的居住地和办公地。中缅边境勘界期间，周恩来总理多次莅临昆明，1957 年 3 月便寓居于此。纪念馆采用了场景复原的方式分别再现了几位领导人在此地生活和办公的场景，让人们能够身临其境地感受新中国成立初期那一段筚路蓝缕的光辉岁月。

1950 年 2 月云南全境解放，正式开启了云南历史的新篇章，结束了封建压迫与反动统治下的苦难及不公，云南各族人民从此走上了团结奋进、充满希望的康庄大道。

6. 赵公祠：护国名将的革命风云

距离黄公祠不远处还有一座赵公祠，位于翠湖南路 19 号，以纪念护国名将赵又新。

赵又新（1881—1920），字凤喈，又名复祥，云南凤庆县人。与黄毓英一样，赵又新也是中国同盟会会员，毕业于日本陆军士官学校第六期。在 20 世纪初，赵又新作为第一批被引进讲武堂任教的日本留学教官在讲武堂授课。他是云南辛亥武装革命第三场起义——临安起义的发起人和参与者，推动了滇西地区民主革命的胜利。

1913 年，赵又新追随孙中山参加了二次革命，失败后返回云南。1914 年，赵又新任云南陆军讲武学校校长。次年，袁世凯称帝，云南发起护国战争，出征讨伐袁世凯；赵又新积极参与护国战争，任云南护国第 1 军第 2 梯团团长。1920 年 10 月 14 日，在川、滇混战中，赵又新陷入敌人包围，因不愿落于敌手受辱而持枪自杀，年仅 39 岁。临死前，他对兄弟和子侄说：“我死国事，份也，汝辈可速行，得生还能效力国家以竟吾志，吾则瞑目矣。”①

赵又新殉难后，孙中山南方军政府追赠赵又新为陆军上将，云南省政府追谥“武烈公”，赵又新灵柩运回昆明安葬于玉案山麓。1922 年，为纪念护国运动名将赵又新，云南省将原皇华馆旧址改建为祠堂。1983 年，赵公祠被列为五华区重点文物保护单位。祠正殿供奉着赵将军的巨幅油画像，画像上的赵又新身着陆军上将礼服，胸前挂满勋章和绶带，两手拄在镀金指挥刀上，很是威武。

经历百年的城市变迁，赵公祠目前只剩下翠湖南路路边的门楼牌，向每一个注目的行人昭示着爱国名将赵又新的功绩，无言地叙述云南历史上曾发生过的了不起的革命故事。

7. 北门书屋：昆明民主进步思想的见证地

北门书屋旧址位于五华区北门街南段 68—70 号，为两层砖木结构民房，面积 180 平方米，建于 1940 年，原是经济学家、爱国民主人士李琢庵的私人住宅。1941 年 12 月，伟大的爱国主义者、坚定的民主战士李公朴与夫人张曼筠带着两个孩子从重庆来到昆明，开启了“北门书屋”熠熠生辉的历史篇章。

1942 年李琢庵将他的住宅免费借给李公朴一家居住。为了发展

① 武定云．新编临沧风物志．昆明：云南人民出版社，2000：143.

文化事业、宣传真理、动员民众，在李琢庵的支持下，李公朴于12月在此创办了书店，因地处北门街，故取名“北门书屋”。1943年，李公朴与张光年等人又在北门书屋对面创建“北门出版社”（旧时为北门街10—11号），以解决北门书屋销售书刊的来源和进步文艺书刊难以出版的问题。

北门书屋主要经销三联书店、华侨书店、上海图书杂志公司等出版的进步文化书刊。这里出版和销售了《枫叶集》《泪》《高尔基》《献给乡村的诗》等一大批启发民智、针砭时弊的书籍，为昆明地区以至云南全省的抗日斗争和民主运动起了积极作用。1943年，李公朴加入民盟后，担任云南支部执委。同时，他还被选为中国人民救国会中央委员。李公朴居住的北门书屋二楼，也成为民盟在昆明的一个重要聚集地，被称为“文化沙龙”“民主之家”。楚图南、闻一多、吴晗、潘光旦等鸿儒大家常来此商讨工作，共同探寻救国真理。

1946年7月11日晚，李公朴与夫人张曼筠一同到南屏电影院协商借用影院开音乐会募捐事宜，之后从南屏街搭乘公共汽车到青云街下车，经学院坡小路回北门书屋，在距北门书屋100余米处被特务使用无声手枪从背后杀害，经抢救无效于12日凌晨与世长辞。

李公朴先生遇难后，其夫人张曼筠带子女离昆，将书屋房舍转手后租赁给他人居住，北门书屋就此停办。云南解放后书屋收归国有，被作为米粮店门市、昆明捻线厂等生产经营场所，但仍然维持旧时的建筑原貌风格。如今，书屋的一楼作为“广益饭店”餐厅经营，二楼为李公朴先生原先的居室，一般不对外开放。1983 年，北门书屋旧址被列为市级文物保护单位。回首过往，书屋所铭刻的那段历史也成为了昆明历史进程中浓重的一笔。

在今日热闹的北门街，北门书屋旧址及其周围老屋仍在，周遭或经营餐馆，或开咖啡厅，但依然文脉不断、气韵犹存。人们在这里看书、闲谈、聚会，历史文化气息与现代都市文明融汇成平淡生活中的点滴幸福，滋养涵育着每一个人。抚今追昔，李公朴先生虽然倒在了枪口下，他高尚不朽的灵魂却同书屋一般屹立不倒。

8. 昆明自来水泵房旧址：昆明最早自来水厂的主要组成部分

昆明自来水泵房旧址藏身于翠湖公园九龙池内，建成于 1917 年，由法国工程师戴阿尔设计，采用西门子机械设备，设备至今基本保存完好。1918 年 5 月 2 日水厂正式开始售水，日供水量为 1034 立方米。泵房抽九龙池水送至五华山滤水池，精滤后再分压至东西南北 4 路总水管，供应城市用水。翠湖水泵房是昆明最早的自来水厂的主要组成部分，是昆明自来水事业的起点。1999 年自来水公司将其开辟为昆明自来水历史博物馆，2003 年被列为区级文物保护单位，2011 年被列为市级文物保护单位，如今，在昆明市自来水历史博物馆内，无论是百岁抽水机组，还是历史图文介绍，都能反映出昆明自来水厂的价值和水厂一路走来的故事。

昆明自来水厂的创立与当地自然、社会环境息息相关。早先老昆明人主要喝井水和河水。开始还相安无事，后因人口增加，资源逐渐匮乏，加之附近居民习惯在河里洗菜、洗衣甚至涮痰盂和马桶，河水自我净化速度赶不上污染的速度，因此，河水资源污染严重。若是遇到干旱，河水、井水水平线下降；遇到汛期，河水又充盈着浑浊污渍。本就水资源匮乏的昆明城因此就会闹水荒，靠“清泉业”也无济于事。宣统二年（1910 年）1910 年滇越铁路的通车带给昆明人实现水资源自由的机遇，不少昆明人乘坐火车前往滇越铁路南端的越南，见识了法国人修建的自来水厂，从中得到不少启示。1912 年 5 月，昆明建设石龙坝电厂，需要用自来水作能源。于是 1915 年，昆明的一批有识之士就倡言，为“谋都市人民之健康及社会之消防安全”，更为“注重饮料、裨益卫生、便利人民”，有必要在昆明创办自来水厂。此事得到当时的“云南王”唐继尧赞同，决定参照当时的越南自来水厂的规模和标准在昆明“拷贝”建厂。后来以官督商办的方式运营，委托英商旗昌洋行采购安装法国抽水泵和西门子电机设备，而由法商海防机械建设公司承建。1916 年 9 月，昆明第一座饮用水处理厂在五华山破土动工，同时在翠湖涌泉集中处围建了面积为 3776 平方米的水池，作为自来水厂取水的水源。至 1956 年，昆明市自来水公司先后创建了五个自来水厂，翠湖泵房因地下水位下降而停用。

## 二、民风民俗

民之所在必有俗，俗之流传为特色。一座城市，净水所处之地，大都人气较旺，集民风民俗于一体。

### （一）翠湖花事

“天气常如二三月，花枝不断四时春。”① 昆明花多，春城人更是爱花。那些与鲜花关联的人和事，倾心而美好！

#### 1. 赏荷——灼灼荷花瑞，亭亭出水中

十亩荷花鱼世界，半城杨柳抚楼台！游走翠湖，湖面柔和凉爽的微风裹挟荷花的清香迎面扑来，随性惬意！夏日赏荷，已成为昆明人再自然不过的日常。

元朝以前，在旱季水浅时，老百姓会在翠湖种上莲藕，其目的是食藕。元时赛典赤·赡思丁治水，翠湖成为一片沼泽，人们就开始大规模种植荷花，逐渐增添了观赏之意。明代彭大翼《山堂肆考》记载：“云南滇池中产，衣钵莲花，盘千叶，蕊分三色。”② 说明此时还与翠湖相连。清亦有文献记载：“菜海子有大池可百亩，赤旱不竭，士人于中种千莲叶。”③ 《云南府志》也记载：“衣钵莲出昆明县西湖。”④ 这里的西湖根据《九域志》等记载为“菜海子”，也就是翠湖。

翠湖荷花种植面积较广，曾一度高达25000平方米左右，太空莲

---

① （明）杨升庵．滇海曲（六）．

② 方国瑜．云南史料丛刊（第十二卷）．昆明：云南大学出版社，2001：503－504.

③ 朱惠荣．昆明古城与滇池．昆明：云南人民出版社，2017：259.

④ 方国瑜．云南史料丛刊（第十二卷）．昆明：云南大学出版社，2001：504.

一号、昌顺一号、普者黑红荷、普者黑白荷、舒广袖、星空牡丹等20多个品种比比皆是。每年3月开始清塘，接着消毒、施肥，6、7月荷花齐齐开放之时，翠湖就是荷花与荷叶的世界！荷花开得娇嫩，荷叶衬得灿烂，蜻蜓、蝴蝶也戏耍得热闹。有的人驻足凝视，有的人匆匆一瞥，笑声闹声歌声不绝于耳！

2. 蓝花楹——在绝望中等待爱情

每年夏季，校场路的蓝花楹竞相开放，微风过处，花瓣翩翩，仿佛进入蓝色的梦幻世界。越来越多的市民和游客慕名而来，此地成为新的打卡点。然而，目前昆明市内年龄最长的两株蓝花楹却植沃于翠湖。据昆明市园林科研所的工程师介绍，昆明的蓝花楹于1984年由中国科学院昆明植物研究所从阿尔及利亚引种，从此阿尔及利亚的来客在昆明生根发芽绽放。

翠湖的蓝花楹长势一直较好，常年矗立于翠湖东路“翠堤春晓”广场，两株茁壮健康的蓝花楹“相看不厌”，如今倒有“枝枝相交”的趋势。但每年两棵树真正拥抱的机会只有一次，那便是风起花落之时的相拥相绕。也难怪，昆明的蓝花楹花期较短，只有十多天。坊间传说蓝花楹的花语是“在绝望中等待爱情”：秋冬树叶枯落寓意“绝望”；春暖花开之时，紫色花朵就如同美好的爱意。两株蓝花楹很受游人喜爱，仿佛在树下站一站、坐一坐，就会拥有紫色的浪漫，动人的爱恋。

3. 郁金香——姹紫嫣红总是春

2004 年 12 月，昆明市翠湖公园从荷兰引进 19 个郁金香品种栽种于公园内。通过其适应性和开花特点观察，最终筛选出世界真爱、莺者、奥莉等 10 个适宜于昆明地区冬季栽种，且开花性状表现较好的郁金香品种①。自此，一到冬末春始，翠湖公园便会办起郁金香展，千万朵郁金香如约绽放，在微风中摇曳，宛如摇晃的高脚杯，让人陶醉。

春天的暖阳、微风、嫩芽、百花都给了翠湖郁金香信号，整整齐齐全开了。白的似雪，红的似火、粉的像霞，黄的如橘，一团团，一簇簇，亭亭玉立，在阳光下格外娇艳灵动。一瞬间，天地鲜艳了起来。热烈的郁金香在一片烂漫摇曳中向纷至沓来的游人传递春的讯息，告诉大家春天就这样轰轰烈烈地来临了。这是翠湖春天独有的浪漫和多彩！

## （二）大型集会

1. 历史上的庙会——人如潮海

历史上翠湖的观音庙会规模大、名声大。据《纪我所知集：云南掌故全本》记载：

> 每届二月十九云为观音得道之日，六月十九云为观音漂南海之日，九月十九云为观音诞，届期，寺开盛会，入寺烧

---

① 聂雅萍．昆明地区郁金香品种的开花特点．林业调查规划，2006（02）：96－98.

香之妇女，多于过江之鲫，到此游玩之客，亦蚁聚绰中千寺内寺外①。

观音庙会期间，游人数不胜数。随之而来的小摊小贩、戏团、杂耍也会在周边集合，这时庙会也成为翠湖一带人们娱乐、贸易的场域。庙会期间，香客涌入翠湖，购买礼佛物品，寻找心灵寄托；其他游客到翠湖可以听戏、看杂耍、买零散、搜罗精巧工艺品，或识得新友一二，或闲庭漫步，舒畅身心、饱满精神。

许多庙会和昆明的重要节日重合，如大年初一春节、正月十五元宵节、七月十五中元节、八月十五中秋节等②。如今翠湖的庙会已不再举办，但依然是人们交友结伴，拥抱生活的重要场所。

2. 翠湖歌舞——生命的张力

云南人自古热爱歌舞，昆明人也不例外。据《滇游续笔》记载："夷俗，男女相会，一人吹笛，一人吹芦笙，数十人环绕蹋地而歌。"③ 翠湖歌舞到了近现代，成为翠湖最有生命张力的集会。人们常说，在云南只要有广场的地方就会有广场舞，只要是有音响的地方就会有对歌。翠湖自从 2002 年对市民开放以来，一度成为对歌、广场舞的辽阔舞台。翠湖的对歌、广场舞拥有强大的张力，以声情并茂

---

① 罗养儒撰，李春龙整理．纪我所知集：云南掌故全本．昆明：云南人民出版社，2014：191－192.

② 中国人民政治协商会议云南省昆明市委员会．昆明文史资料集萃．昆明：云南科技出版社，2010：8171－8172.

③ 方国瑜．云南史料丛刊（第十二卷）．昆明：云南大学出版社，2001：74.

的形式展现出了云南这块土地喷薄的生命力。

20 世纪末到 21 世纪初，对歌曾风靡翠湖的角角落落。对歌，顾名思义就是男女双方以歌唱的方式对战，有一对一，也有多人对唱。对歌者自得其乐，围观者津津有味，时而哄堂大笑，时而拍手叫绝。最初的对歌多唱云南各地山歌小调，后来内容、形式越发多样。

21 世纪初，随着社会经济的发展，城中村逐步消失，翠湖对歌也渐渐消逝，广场舞变成翠湖的一张新名片。不同年龄段的人，穿着民族服饰或演出服，配以各式表演道具，在便携式音响的高分贝韵律下舞动身姿。翠湖没有华丽的舞台，没有璀璨的灯光，有的是随性洒脱，有的是自怡安然！流浪歌手深情飘零的演唱，常常引人驻足，勾起一幕幕尘封往事，让人久久难以释怀。

3. 海鸥飞舞——人与自然和谐共生

1985 年，红嘴鸥首次出现在昆明市区，之后，它们便开启了与昆明人双向奔赴的约会。

翠湖的海鸥只有嘴和脚是红色，除了尾羽是黑色，其他羽毛都是雪白，脑袋圆润，大眼睛，眉目清秀。据卫星跟踪发现，翠湖的红嘴鸥来自俄罗斯境内的贝加尔湖、蒙古国境内的乌布苏湖和新疆的博斯腾湖等地。为了赶赴这场约会，红嘴鸥每年 9 月、10 月就跨过山川与大河，飞越 6000 多千米，陆陆续续到达翠湖。春城人民也早早就开始等待红嘴鸥的出现，人们提前准备了充足的鸥粮，带着无限期盼与喜爱与红嘴鸥共度暖冬。即使在 2020 年疫情防控期间，昆明市也组织志愿者每天两次在翠湖投喂鸥粮 1000 多公斤。

浪漫的昆明人为红嘴鸥的到来聚集，这一盛会逐渐发展为海鸥文化节。海鸥文化节原称“昆明海鸥节”，2007 年举办了第一届，之后的每年 12 月至元旦都会举办，2012 年更名为“海鸥文化节”，如今已举办十五届。每年的“海鸥文化节”都会在红嘴鸥的啼鸣声中拉开帷幕，摄影比赛、征文比赛、喂鸥比赛、写生展、摄影展、文艺汇演、新年音乐会等都会如期而至。

如今，这份昆明人与海鸥的深情厚谊已经持续了 36 年。我们相信，这份双向奔赴的约定将缠绵永续。

## 三、饮食文化

汪曾祺先生曾说：“四方食事，不过一碗人间烟火。”[①] 幸福的生活离不开柴米油盐、吃穿用度。不同的食材、佐料、技艺会碰撞出各式美食，宛如张力十足的艺术品，精致的、粗犷的，清淡的、热烈的，天然的、科技的，让人心怀感念，余味无穷。

一方水土养一方人，云南物产丰富，昆明人自古喜好“生”“鲜”，早在马可波罗游记当中就提到云南“食贵生”。无论在战火中咀嚼草根野味，还是和平年代烹饪瓜果生鲜，抑或山珍海味、米面杂粮，都体现了昆明人对生活的智慧、对生命的敬畏。本篇将从重温西

---

① 朱清．别用嘴上的佛系，掩饰你内心的焦虑．南京：江苏凤凰文艺出版社，2018：262.

南联大的泡茶馆文化开始，感受翠湖片区的包容与情调。

### （一）西南联大泡茶馆文化——时代印记

曾经，翠湖周边茶馆林立，慰藉了战火中的那份静寂。

昆明本地人“一吃过早饭，便手拿烟杆烟盒，走往茶铺内，叫碗茶来，便斜坐于凳上，与二三相识者谈天说地，讲神道鬼，直到太阳偏西，方走回自己铺上。晚餐后，仍是走往茶社内听说评书，听唱小曲”①。悠悠闲闲，一天就过去了。

西南联大时期，联大师生热衷于“泡茶馆”，昆明本地人叫“坐茶馆”“吃茶”。联大学生把北京的“泡”字带到昆明，别有一番韵味。“泡茶馆”即长时间地在茶馆里坐着。汪曾祺笔下就记载了很多翠湖周边的茶馆：

> 进大西门，是文林街，挨着城门口就是一家茶馆……从里面传出《蓝色的多瑙河》和《风流寡妇》舞曲……和这家斜对着的一家，跟这家截然不同。这家茶馆除卖茶，还卖煎血肠……由这两家茶馆往东，不远几步，面南便可折向钱局街。街上有一家老式的茶馆，楼上楼下，茶座不少……回到文林街。文林街中，正对府甬道，后来新开了一家茶馆。这家茶馆的特点一是卖茶用玻璃杯，不用盖碗，也不用壶。

---

① 罗养儒撰，李春龙整理．纪我所知集：云南掌故全本．昆明：云南人民出版社，2014：184

> 不卖清茶，卖绿茶和红茶。红茶色如玫瑰，绿茶苦如猪胆……文林街的东头，有一家茶馆，是一个广东人开的，字号就叫“广发茶社”——昆明的茶馆我记得字号的只有这一家……广发茶馆代卖广东点心①。

正如黑格尔在《美学》中说到的，17 世纪荷兰小画派对现实生活各种场景的精心描画都展现了对当时现状的热情和爱恋一样，这种充分记录茶馆生活的文字，透露出茶馆对于联大学生的重要性，折射出联大学生对茶馆的眷恋。据巫宁坤回忆：“凡是联大的同学大概没有人没上过泡茶馆这门大课的。新校舍因陋就简，仅有一个图书馆，座位有限；宿舍四十人一间，没有书桌；课外活动几乎等于零。于是，学校附近两条街上的十来家大小茶馆，从早到晚坐满了联大的学生，看书、写作、聊天、玩桥牌，各得其所。”② 虽处战乱年代，但大多数青年依旧精力旺盛，对世界充满好奇。他们踌躇满志，忧国忧民，而茶馆自然就成为这些学子谈天论地、交流互助的港湾。汪曾祺说过：“如果我现在还算一个写小说的人，那么我这个小说家是在昆明的茶馆里泡出来的。”③ 在今天的世人看来，从茶馆里泡出来的岂

---

① 汪曾祺著，曹鹏选编．泡茶馆散文集．北京：中国广播影视出版社，2019：72－74.

② 巫宁坤．西南联大的文化：纪念西南联大建校七十周年．茶博览，2009(003)：45

③ 汪曾祺著，曹鹏选编．泡茶馆散文集．北京：中国广播影视出版社，2019：75.

止是小说家，岂止是一个或是一群人，毫不夸张地说，茶馆里泡出来了一种文化、一种精神。

如今，翠湖周围满布茶馆的盛况已然消失，茶馆所剩无几。先生坡坡口有一家景素泡茶馆，是昆明市首家“先生泡茶馆”。泡茶区的每一面墙壁上都有手绘壁画，重现了西南联大师生在泡茶馆中学习、生活、泡茶和喝茶场景，值得追溯与回味。

## （二）美食佳饮——现代情调

翠湖的浪漫大都藏在文林街、文化巷及其周边巷道！作为文艺老街，这里包罗万象！街道两旁种满银杏树，夏天一片苍翠，秋日满地金黄。在这里看车来人往，品四季流转，泡咖啡馆，喝小酒，吃特色美食，逛菜市场，生活不在远方，就在当下！

### 1. 泡咖啡馆——接续与创新

曾经翠湖周边茶馆林立的盛况已然消失，但茶馆文化却保留了下来，在小说里，在记忆中，在咖啡馆，在当代青年的心中。

文林街及其周边藏着大量咖啡馆。人们常说，这里每隔 50 米便有一家咖啡馆，游走于此处街巷咖啡香气四溢！竹隐岑今、云咖啡、卡夫卡、光宗三号、卷耳、泊瑞、光萃、多美等都是个性十足、风格迥异的小店。安静清幽的竹隐岑今藏在雅居小区内，素竹遍布，绿叶攀墙，上演大隐隐于市；卡夫卡咖啡馆有悠扬的音乐、无数的藏书、一只慵懒的大猫，很多书都是老板四处搜罗而来的精品，冲着书去的人不在少数；藏在府甬道的卷耳咖啡随性，泊瑞、光萃简单又雅致，多么小巧可爱……这些咖啡馆要么质朴，要么风雅，要么精致，要么生态，都颇为讲究。

云南作为全球重要的咖啡产地，昆明的咖啡文化已经发展出浓厚的本土特色。多少人带几本书，点一杯咖啡，坐一个下午，沉浸于书本之中；多少人在这里疯狂敲击键盘，紧皱眉头，不停叹息；多少个昏昏沉沉、睡意上头的人从这里抬着冰咖啡走进办公室，多少人带着朋友来到这里谈天论地，多少人只是坐在咖啡馆的玻璃橱窗前发呆，多少人仅仅是单纯喜欢咖啡馆的味道……没有人会规定在这里一定要干什么，一定不要干什么！找一个位置坐下，那一方空气都属于你！

2. 休闲清吧——卸去疲倦与慌张

翠湖周边自古就有许多酒馆，清代戴淳就记载翠湖“酒家即向桥头访，蠃蝓味美开新酿”①。如今，酒馆演变成了休闲清吧，主要集中在文林街一带。

休闲清吧，很有文艺范，顾客以青年人为主，主打“酒水＋小食＋音乐＋氛围”；灯光柔暖，音乐温和，集中“贩卖”情调与氛围。到清吧的人，并非都是奔着酒去的。有人约会，有人闲坐，有人打发无聊……这种清吧在文林街很多，给很多疲惫的人一个心灵加油站，发呆放空，闲谈生活，消遣愁绪，一天的疲倦就这样烟消云散了。

---

① （清）戴淳著，云南省文史研究馆整理．云南丛书（第三十一册）·晚翠轩诗钞·卷二·自题龙池钓鱼图歌．北京：中华书局，2009：16094.

3. 特色美食——琳琅宝藏

翠湖文化片区的特色美食让人心驰神往、垂涎欲滴，主食、特色菜系、小吃应有尽有。

俗话说云南十八怪，米线人人爱！米线、饵丝是云南人无法掩饰的“真爱”。过桥米线、小锅米线、口缸米线、豆汤米线、土鸡米线、牛羊肉米线等米线店环绕翠湖。其中，端仕小锅是昆明人心中念念不忘的过往，因最初开在端仕街而得名，作为始创于民国中期的百年老店，专供老昆明味道，小锅米线、卤饵丝、豆末汤圆、木瓜水、鳝鱼米线、肠旺米线、豆花米线、酸辣饺、煮血旺，应有尽有，百品不厌。

滇菜是云南特有菜系，一丝不苟地将酸、甜、苦、麻、辣、咸、鲜、香融合，令人惊叹。滇菜馆遍布翠湖周边的每个角落，熙楼、翠湖里、凹糟馆、小吉坡 8 号、吗哪、红豆园、老倌食堂……都是三五好友邀约聚集的好去处。

翠湖周边的小吃仿佛一粒粒神采各异的明珠，串出火辣、串出杂样。文林烤串在巷子里搭起烤炉，五六个小伙子一边扇着炭火，一边翻动烤串。随着一股股油烟冒起，烤鱼、烤五花、小牛肉串、板筋、肉皮、鸡脚筋焦香四溢。

4. 异域风味——舌尖的率性旅行

除了当地特色，这里还汇聚着世界各地美食，墨西哥风味、日料、韩餐、越南小卷粉、印度飞饼，应有尽有。其中，餐厅老板写过《寻梦中国》的萨尔瓦多咖啡馆甚至成为文化巷的一个地标。该店员工、食材大都来自云南临沧，云南元素与“国际接轨”，撞击出地地道道的辣牛肉饼、塔克、手工冰淇淋等北美风味。萨尔瓦多庭院的座位正对着车水马龙的文化巷，品尝异域美食之际，可“窥视”巷中来来往往的行人。

异域风味在平淡的生活中装点出新、奇、妙，让世界变得小而新鲜。翠湖周边的异域风味是昆明以及昆明人对食物、对味蕾、对人、对习惯、对风俗的包容与友善。

5. 农贸市场——人间烟火气

农贸市场宛如时时怀揣着宝藏的母亲，营养均衡地哺育着四方儿女，鲜艳的水果、时令的蔬菜、新鲜的肉蛋、娇嫩的菌菇，时时带着露水，让人眼花缭乱，爱不释手。

翠湖旁边有一个农贸市场叫“好顺路农贸市场”，好吃且顺路。

这里有昆明人喜爱吃的花和菌子。在昆明，春天吃花是件很平常的事。花和白菜摆在一起，卖的也只是“白菜价”。金雀花、苦藤花、芭蕉花、奶浆花、棠梨花、茉莉花、木棉花、石榴花、核桃花、大白花等，既是花，又是菜；牛肝菌、松茸、干巴菌、鸡㙡菌、鸡油菌、青头菌、竹荪等在雨季时布满农贸市场的每一个角落。菌子因为低热量、高水分、味鲜美，被人们用来炖汤、热炒、油炸，每一种做法都能迅速触动味蕾，让人们感受山珍的魅力。

农贸市场包容着山川湖海、春夏秋冬，是人们的小博物馆、小情调、小日子，让生活有滋有味，活色生香。

## 四、文学书写

刘易斯·芒福德在《城市发展史》中说："城市是靠记忆而存在的。依靠经久性的建筑物和制度化的结构，以及更为经久性的文学艺术的象征形式，城市将过去时代、当今的时代，以及未来的时代联系在一起。"① 一座城市或许会随着时间推移不断发生变化，甚至消失，但是它会活在文学作品中，在字里行间永葆鲜活，永不褪色。

翠湖清雅幽静的气质及美轮美奂的景致极易激发文人雅士的创作灵感，至今已留下众多关于翠湖的名篇雅作、诗词笔墨，如清初云南著名书法家涂晫、嘉庆年间昆明著名诗人王毓麟、著名山水诗人孙鹏及朱庭珍、赵藩、袁嘉谷、陈荣昌、倪琇、李元阳、戴淳、戴纲孙等名家都倾情书写翠湖。本篇分享部分与翠湖有关的文学作品，共同感受作家笔下的翠湖。

### （一）王毓麟《菜海子春日杂诗四首》：菜海子的风俗样貌

王毓麟（1780—1826），字匏生，于清嘉庆十五年（1810 年）考取庚午科举人，昆明著名诗人，与谢琼、王长卿、尹尚廉、杨文源合称嘉庆昆明五才子。王毓麟经常参与五华书院的活动，而五华书院又在翠湖内，因此其作品不少与翠湖有关。

---

① 赵万民，等．巴渝古镇聚居空间研究．南京：东南大学出版社，2011：38.

《菜海子春日杂诗四首》如下[①]：

### 其　一

白蘋香暖燕初飞，
麦脚风高鱼子肥。
谁向海心亭畔立，
波光柳色映春衣。

诗人通过初燕展翅展现昆明春天芬芳馥郁的胜景：菜海子旁，静静观赏水中鱼儿嬉戏；一阵柔软的春风吹过，瞬间神清气爽、心旷神怡；海心亭旁水波荡漾，柳树倒映，尽显春色。透过本诗，读者可以感受到昆明春天草长莺飞、水清鱼肥、水波涟漪的祥和与安宁。

### 其　二

篱落香吹豆子花，
一株杨柳映门斜。
游人苦爱春酤好，
燕子桥头卖酒家。

时而春风起，簌簌花飞落。空气中满是芳香，杨柳倒映水中别有

① 杨林森．翠湖春晓．昆明：云南民族出版社，2001：197.

一番韵味。游人们喜爱春酒，所以在桥头处处是酒家。第二首诗较第一首增添了许多烟火气息，豆花、门庭、游人与酒家，句句可见春风和煦，勾勒出一幅春色满园的胜景，似乎耳边已然回荡起酒家卖酒时高昂的吆喝声。

## 其　三

玉龙祠畔草新齐，

汀暖烟深浦树低。

六尺小船呼不应，

水禽沙鸟向人啼。

第三首诗较第二首更加热闹，颈联和尾联尽现游人在菜海子游玩的胜景。玉龙祠旁的春草刚刚长出，春日暖阳洒落在小洲和江岸的低树上，好一片风和日丽。善男信女接踵如潮，禅院内香火鼎盛，人声鼎沸，竟将呼唤声掩盖过去。水上沙鸥翔集，盘旋在游人上空；水中鱼儿围绕着小船与人共戏，一片祥和安宁。诗人向读者展现出菜海子春日里繁华祥和的人生百态，耐人寻味。

### 其 四

园林犹是旧时名，
台址荒凉碧瓦倾。
独有缭垣春草色，
和烟和雨一时生。

王毓麟一生坎坷，幼时家境贫寒，科举又较蹭蹬，受尽人生苦楚。诗人多用诗歌表达自我心声，他的诗歌内容也多穷苦之音和伤悲之感。正如这首《菜海子春日杂诗四首》的其四，尽显凄凉悲伤；即使在旭日暖阳的春日，也令人心生寒意。园林旧名、亭台荒凉、青苔碎瓦、春草杂生……通过园林的荒废及不受重视，借此表达其仕途坎坷的一生，富有沧桑之感。

### （二）陈荣昌《九龙池八景》：百年前的翠湖风姿

陈荣昌是云南近代著名学者、教育家、诗人和书法家，与翠湖渊源深厚。他在经正书院讲学期间就住在翠湖边，朝夕可见翠湖美景，撰有《九龙池集》，晚年回乡更是在翠湖边隐居著述。陈荣昌在与翠湖相伴的悠长岁月中与之建立了深厚感情，传下许多吟咏翠湖的佳作，《九龙池八景》便是其中之一。

《九龙池八景》由八首诗组合而成，细致生动地描绘了翠湖不同季节、不同地点各具特色的八个场景，较为全面地反映了翠湖风貌。“翠湖八景”的形成标志着翠湖园林景观的基本成熟，是翠湖历史文化发展史上的重要坐标。

陈荣昌1883年写下《九龙池八景》①。也就是在这八首诗中，他第一个把“菜海子”“九龙池”改称“翠湖”，从此翠湖便成为昆明的一张文化名片，至今熠熠生辉。在搜狐号“拾云南”的推文《翠湖“九龙池八景”之一即将重现！那你知道是哪八景吗?》中，亦呈现了八景之美！

**春树晓莺**

南山已卧归，久不听宫莺。
何事二三月，忽闻千万声。
春风吹菜海，晓梦入蓬瀛。
仿佛朝天去，满身花露清。

在《九龙池八景》中，第一首是“春树晓莺”。翠湖一直是水鸟的聚集繁殖地，特别是到了二三月，成百上千的黄莺在枝头欢叫不止，有的如蜻蜓点水般划过水面，于是便形成翠湖的一大名景——春树晓莺。清道光十五年（1835年），云贵总督阮元重修了翠湖的南北长堤，专门把堤北的一座石桥命名为“听莺桥”。据昆明园林历史文化专家石玉顺介绍，翠湖现在的听莺桥为1934年在老桥的位置上改建的一座中西合璧双孔石拱桥。最早的听莺桥则是单孔石拱桥。

① 桂云剑．翠湖史话．昆明：云南大学出版社，2011：108－109.

## 秋窗夜月

城居太湫隘，得月苦无多。
不住翠湖畔，其如良夜何。
水边帘乍卷，天上镜新磨。
触我悲秋思，凭轩发浩歌。

百年前的昆明城街道狭小，房屋间隔狭窄，一般老百姓很难、也少有雅兴欣赏月色，但陈荣昌却幸运地居住在翠湖畔。青石铺就的小路反射着柔和的月光，将翠湖的夜色映托得无比静谧安详。陈荣昌站在窗前，定睛湖面微微晃动的波粼，犹如卷起的门帘，须臾间进入一种迷离状态，不禁诗兴大发。

从这两句诗中就能体会到陈荣昌对能够住在翠湖的感恩之情。也正是这首诗，我们第一次看到了“翠湖”二字。

## 精舍书声

惭愧教无术，相期多读书。
吾侪半穷士，难得此精庐。
广厦欢颜处，长吟抱膝初。
睡龙倘惊起，奇气共吹嘘。

清光绪年间，翠湖畔曾出现过一所著名学堂，文人志士在这里聚首，倡导新学，为民族存亡尽心竭力，这就是名闻遐迩的经正书院。经正书院即“传经、拜经、守正”之意，以培养“通经致用之才”为目标，教学内容以“古学、时务”为主，颇有几分“古为今用，洋为中用”的革新意味。据考证，经正书院的旧址位于现在的翠湖北门外广场。

## 酒楼灯影

太白不到处，何年来酒星。
谪居此楼上，化作灯光青。
新绿杯浮蚁，微红火似萤。
夜长几时旦，烂醉不须醒。

在陈荣昌年代翠湖周边有很多酒楼、小吃店及庙宇。老昆明人都记得，后来翠湖边的“少白楼”原创发明了“破酥包子”，卖美味凉螺蛳的“吴螺蛳”顾客盈门。直到今天，翠湖边的咖啡酒吧，每晚都是座无虚席。

几个回合的觥筹交错，让人进入一种朦胧状态。倒入杯中的新酒所泛起的酒花，瞬间变成了漂浮的蚂蚁；而那些微红的灯火也变得格外灿烂，犹如漫天飞舞的萤火虫。

## 柳营洗马

不图城市里，乃有亚夫营。
伏枥新羁马，和戎罢旧兵。
愿将凡骨洗，誓与乱流争。
神骏滇池出，边尘会荡平。

明初的翠湖水域辽阔，成为屯兵驻守、加强城防的军事重地。朱元璋的义子西平侯沐英留镇云南时，因极其爱马，每天都要牵着自己的马在河边散步，给爱马洗澡，梳理毛发。是时，沐英雄心壮志，他发动将士在翠湖西岸建柳营“种柳牧马”，以仿效西汉大将周亚夫屯兵细柳的故事。

自此，垂柳依依的翠湖之畔因为有了沐将军的柳营，一世豪情便在这个曾经静默的湖边上演，将默默无闻的水泽点染得生机勃勃。洪武二十五年（1392 年），年仅 48 岁的沐英离世，一代将才驾鹤西去，洗马河边英姿不再。沐英长子沐春袭西平侯，翠湖柳营改为黔国公沐氏别业。从此，九龙池边多了歌舞升平，少了壮志凌云。

## 莲寺观鱼

无恙白莲社，十年寻旧踪。
花开不泥滓，鱼出亦从容。
云水洗人眼，海风吹我胸。
浮屠多幻术，看尔变为龙。

清嘉庆年间，昆明名士及官员在翠湖湖心岛上兴建了莲花禅院，后经过了多次重修，使莲花禅院成为佛、儒、道三教合一的寺庙。寺内有神佛塑像四十多尊，是当时昆明极盛的大寺。

陈荣昌笔下的“莲寺观鱼”，其“莲寺”指的就是“莲花禅院”，而“观鱼”指的就是清道光十五年在莲花禅院所建造的“观鱼楼”。“观鱼楼”由当时的云贵总督阮元倡捐修建；楼旁有一放生池，四周绿柳环绕。那时的昆明人凡去“莲花禅院”，都要到观鱼楼上观鱼，同时会买些米花、河虾、饼子来喂鱼。

## 绿杨息阴

一径跨湖水，双堤垂柳阴。
本非恶木荫，能慰渴人心。
未必得旌旆，胡为遭斧椹。
碧云尽消散，无地可眠琴。

现在的翠湖由两道长长的柳堤呈“十”字交汇于园心，把全湖分而为四。南北横堤叫“阮堤”，于道光年间由云贵总督阮元仿西湖“苏堤”修筑；东西纵堤叫“唐堤”，于民国年间修建。

自沐英建立“柳营”以来，昆明人在柳堤上种植了很多柳树，“息阴”也就是在树荫下歇凉；柳荫细碎，是静心的好去处。“未必得旌旆，胡为遭斧椹。”由于杨柳树繁盛的枝叶挡住了湖畔酒楼的旌旗因而遭人砍伐，使当时的陈荣昌心痛不已。从诗句中可以得知，除了当时翠湖沿岸酒楼林立外，其柳树群也异常高大和枝繁叶茂。

**翠荷听雨**

圆叶尽张盖，四山云正低。
急风吹骤雨，直过翠湖西。
惊破群龙梦，奔来万马蹄。
幽人水台上，乍听意都迷。

百年前的翠湖柳堤外是一片湿地，据说最深处不超过一米，其中心是大片荷花田，约占了湖面的二分之一。端午节后，荷花争先怒放，变成花花世界。荷花有两种，“老昆明”将无莲房结子的叫作荷花，有莲房的则称莲花。

翠湖还长着许多芦苇、菖蒲和茭白，这些草本植物似乎知道自然布局的美感；它们不与荷花争艳，而是低调地伫立于湖畔的浅水处。到了 4 至 7 月，荷花与这些苍翠的草本植物相映成趣，构成一幅淡雅怡然的水墨画。

（三）汪曾祺《翠湖心影》：翠湖是昆明的眼睛

在作家汪曾祺的笔下和心中，翠湖因其清澈明秀成为了昆明的眼睛，是昆明的一部分。《翠湖心影》是汪曾祺对自己心中翠湖景、事的描摹，作于 1984 年，恰逢翠湖美景绽放的时节。文章以汪曾祺听到的一个笑话开篇，以轻松的氛围过渡到翠湖，写尽了翠湖的清、静、翠，回忆了在翠湖图书馆、楼阁、茶馆的往事，表达了对翠湖、往事、青春的怀念。

汪曾祺写翠湖的景，清幽安静，涤荡人心。他用由远及近、动静结合的方式将翠湖极清的湖水、浓绿的垂柳、娇艳的浮莲、自在的红鱼融合，不放过一静一动之微、一沙一石之细，使其共同构成和谐清静的湖光树影图。沉浸于此，让人不知不觉放慢了脚步，甚至可以停下来，疗养俗世人心，安慰浮世众人。

汪曾祺笔下在翠湖发生的事，平凡细腻。发生在翠湖的事大多日常、平凡。他在空荡的轩中卖糠虾的老婆婆、记账方式特别的茶馆、不斤斤计较的堂倌、恶作剧的同学等平凡人身上发现美，在琐事絮语中发现趣。汪曾祺说“我是很想念翠湖的”①，大概想念的就是这种平凡的美、趣，淡而不寡。散文一字一句蕴含着汪曾祺细腻而长久的情感，充满对细节的关照，对翠湖、生活的喜爱，对往事的怀念，充满人文的气息。时至今日，汪曾祺的散文温暖我们，让我们时刻记得仓促中还要热爱平凡的生活。翠湖也依旧温暖着我们，涤荡着我们心灵的雾霭，让我们在生活的压力下勇敢出发。

---

① 汪曾祺著，曹鹏选编．泡茶馆散文集．北京：中国广播影视出版社，2019：91.

## 翠湖心影①

汪曾祺

有一个姑娘，牙长得好。有人问她：

“姑娘，你多大了？”

“十七。”

“住在哪里？”

“翠湖西。”

“爱吃什么？”

“辣子鸡。”

过了两天，姑娘摔了一跤，磕掉了门牙。有人问她：

“姑娘多大了？”

“十五。”

“住在哪里？”

“翠湖。”

“爱吃什么？”

“麻婆豆腐。”

这是我在四十四年前听到的一个笑话。当时觉得很无聊（是在一个座谈会上听一个本地才子说的）。现在想起来觉得很亲切。因为它

① 汪曾祺著，曹鹏选编．泡茶馆散文集．北京：中国广播影视出版社，2019：86－91.

让我想起翠湖。

昆明和翠湖分不开，很多城市都有湖。杭州西湖、济南大明湖、扬州瘦西湖。然而这些湖和城的关系都还不是那样密切。似乎把这些湖挪开，城市也还是城市。翠湖可不能挪开。没有翠湖，昆明就不称其为昆明了。翠湖在城里，而且几乎就挨着市中心。城中有湖，这在中国，在世界上，都是不多的。说某某湖是某某城的眼睛，这是一个俗得不能再俗的比喻了。然而说到翠湖，这个比喻还是躲不开。只能说：翠湖是昆明的眼睛。有什么办法呢，因为它非常贴切。

翠湖是一片湖，同时也是一条路。城中有湖，并不妨碍交通。湖之中，有一条很整齐的贯通南北的大路。从文林街、先生坡、府甬道，到华山南路、正义路，这是一条直达的捷径——否则就要走翠湖东路或翠湖西路，那就绕远多了。昆明人特意来游翠湖的也有，不多。多数人只是从这里穿过。翠湖中游人少而行人多。但是行人到了翠湖，也就成了游人了。从喧嚣扰攘的闹市和刻板枯燥的机关里，匆匆忙忙地走过来，一进了翠湖，即刻就会觉得浑身轻松下来；生活的重压、柴米油盐、委屈烦恼，就会冲淡一些。人们不知不觉地放慢了脚步，甚至可以停下来，在路边的石凳上坐一坐，抽一支烟，四边看看。即使仍在匆忙地赶路，人在湖光树影中，精神也很不一样了。翠湖每天每日，给了昆明人多少浮世的安慰和精神的疗养啊。因此，昆明人——包括外来的游子，对翠湖充满感激。

翠湖这个名字起得好！湖不大，也不小，正合适。小了，不够一游；太大了，游起来怪累。湖的周围和湖中都有堤。堤边密密地栽着树。树都很高大。主要的是垂柳。“秋尽江南草未凋”，昆明的树好像到了冬天也还是绿的。尤其是雨季，翠湖的柳树真是绿得好像要滴下来。湖水极清。我的印象里翠湖似没有蚊子。夏天的夜晚，我们在湖中漫步或在堤边浅草中坐卧，好像都没有被蚊子咬过。湖水常年盈满。我在昆明住了七年，没有看见过翠湖干得见了底。偶尔接连下了几天大雨，湖水涨了，湖中的大路也被淹没，不能通过了。但这样的时候很少。翠湖的水不深。浅处没膝，深处也不过齐腰。因此没有人到这里来自杀。我们有一个广东籍的同学，因为失恋，曾投过翠湖。但是他下湖在水里走了一截，又爬上来了。因为他大概还不太想死，而且翠湖里也淹不死人。翠湖不种荷花，但是有许多水浮莲。肥厚碧绿的猪耳状的叶子，开着一望无际的粉紫色的蝶形的花，很热闹。我是在翠湖才认识这种水生植物的。我以后再也没看到过这样大片大片的水浮莲。湖中多红鱼，很大，都有一尺多长。这些鱼已经习惯于人声脚步，见人不惊，整天只是安安静静地、悠然地浮沉游动着。有时夜晚从湖中大路上过，会忽然拨剌一声，从湖心跃起一条极大的大鱼，吓你一跳。湖水、柳树、粉紫色的水浮莲、红鱼，共同组成一个印象：翠。

一九三九年的夏天，我到昆明来考大学，寄住在青莲街的同济中学的宿舍里，几乎每天都要到翠湖。学校已经发了榜，还没有开学，我们除了骑马到黑龙潭、金殿，坐船到大观楼，就是到翠湖图书馆去看书。这是我这一生去过次数最多的一个图书馆，也是印象极佳的一个图书馆。图书馆不大，形制有一点像一个道观，非常安静整洁。有一个侧院，院里种了好多盆白茶花。这些白茶花有时整天没有一个人来看它，就只是安安静静地欣然地开着。图书馆的管理员是一个妙人。他没有准确的上下班时间。有时我们去得早了，他还没有来，门没有开，我们就在外面等着。他来了，谁也不理，开了门，走进阅览室，把壁上一个不走的挂钟的时针“喀拉拉”一拨，拨到八点，这就上班了，开始借书。这个图书馆的藏书室在楼上。楼板上挖出一个长方形的洞，从洞里用绳子吊下一个长方形的木盘。借书人开好借书单——管理员把借书单叫作“飞子”，昆明人把一切不大的纸片都叫作“飞子”，买米的发票、包裹单、汽车票，都叫“飞子”——这位管理员看一看，放在木盘里，一拽旁边的铃铛，“当啷啷”，木盘就从洞里吊上去了——上面大概有个滑车。不一会，上面拽一下铃铛，木盘又系了下来，你要的书来了。这种古老而有趣的借书手续我以后再也没有见过。这个小图书馆藏书似不少，而且有些善本。我们想看的书大都能够借到。过了两三个小时，这位干瘦而沉默的有点像陈老莲画出来的古典的图书管理员站起来，把壁上不走的挂钟的时针“喀拉拉”一拨，拨到十二点：下班！我们对他这种以意为之的计时方法完全没有意见。因为我们没有一定要看完的书，到这里来只是享受一点安静。我们的看书，是没有目的的，从《南诏国志》到福尔摩斯，逮着什么看什么。

翠湖图书馆现在还有么？这位图书管理员大概早已作古了。不知道为什么，我会常常想起他来，并和我所认识的几个孤独、贫穷而有点怪癖的小知识分子的印象掺和在一起，越来越鲜明。总有一天，这个人物的形象会出现在我的小说里的。

翠湖的好处是建筑物少。我最怕风景区挤满了亭台楼阁。除了翠湖图书馆，有一簇洋房，是法国人开的翠湖饭店。这家饭店似乎是终年空着的。大门虽开着，但我从未见过有人进去，不论是中国人还是法国人。此外，大路之东，有几间黑瓦朱栏的平房，狭长的，按形制似应该叫作“轩”。也许里面是有一方题作什么轩的横匾的，但是我记不得了。也许根本没有。轩里有一阵曾有人卖过面点，大概因为生意不好，停歇了。轩内空荡荡的，没有桌椅。只在廊下有一个卖“糠虾”的老婆婆。“糠虾”是只有皮壳没有肉的小虾。晒干了，卖给游人喂鱼。花极少的钱，便可从老婆婆手里买半碗，一把一把撒在水里，一尺多长的红鱼就很兴奋地游过来，抢食水面的糠虾，唼喋有声。糠虾喂完，人鱼俱散，轩中又是空荡荡的，剩下老婆婆一个人寂然地坐在那里。

路东伸进湖水，有一个半岛。半岛上有一个两层的楼阁。阁上是个茶馆。茶馆的地势很好，四面有窗，入目都是湖水。夏天，在阁子上喝茶，很凉快。这家茶馆，夏天，是到了晚上还卖茶的（昆明的茶馆都是这样，收市很晚），我们有时会一直坐到十点多钟。茶馆卖盖碗茶，还卖炒葵花子、南瓜子、花生米，都装在一个白铁敲成的方碟子里，昆明的茶馆记账的方法有点特别：瓜子、花生，都是一个价钱，按碟算。喝完了茶，“收茶钱!”堂倌走过来，数一数碟子，就报出个钱数。我们的同学有时临窗饮茶，嗑完一碟瓜子，随手把铁皮碟往外一扔，“Pia——”碟子就落进了水里。堂倌算账，还是照碟算。这些堂倌们晚上清点时，自然会发现碟子少了，并且也一定会知道这些碟子上哪里去了。但是从来没有一次收茶钱时因此和顾客吵起来过；并且在提着大铜壶用“凤凰三点头”手法为客人续水时也从不拿眼睛“贼”着客人。把瓜子碟扔进水里，自然是不大道德，不过堂倌不那么斤斤计较的风度却是很可佩服的。

除了到翠湖图书馆看书，喝茶，我们更多的时候是到翠湖去“穷遛”。这“穷遛”有两层意思，一是不名一钱地遛，一是无穷无尽地遛。“园日涉以成趣”，我们遛翠湖没有个够的时候。尤其是晚上，踏着斑驳的月光树影，可以在湖里一遛遛好几圈。一面走，一面海阔天空，高谈阔论。我们那时都是二十岁上下的人，似乎有很多话要说，可要说，我们都说了些什么呢？我现在一句都记不得了！

我是一九四六年离开昆明的。一别翠湖，已经三十八年了，时间过得真快！

我是很想念翠湖的。

前几年，听说因为搞什么“建设”，挖断了水脉，翠湖没有水了。我听了，觉得怅然，而且，愤怒了。这是怎么搞的！谁搞的？翠湖会成了什么样子呢？那些树呢？那些水浮莲呢？那些鱼呢？

最近听说，翠湖又有水了，我高兴！我当然会想到这是三中全会带来的好处。这是拨乱反正。

但是我又听说，翠湖现在很热闹，经常举办“蛇展”什么的，我又有点担心。这又会成了什么样子呢？我不反对翠湖游人多，甚至可以有游艇，甚至可以设立摊棚卖破酥包子、焖鸡米线、冰激凌、雪糕，但是最好不要搞“蛇展”。我希望还我一个明爽安静的翠湖。我想这也是很多昆明人的希望。

### （四）于坚《礼拜日的昆明翠湖公园》：让“湖”在生命中苏醒

光阴中不断变迁的城市与街景，最能触动人们的记忆与灵感，正如翠湖旁的小楼，就有于坚最珍贵的回忆，无数次出现在他的诗文中：“在这个有明清式古老建筑与法国式黄房子，有梧桐树、桉树、马车、落日与无数小巷的乡村式城市中，我思考从日常人生到上帝之类的问题，孤独地写作。”① 这些印记，深深烙印在他生命里。

于坚毕业于云南大学中文系，他写昆明的诗，有太多的生活细节。他写道：“总有一天，我们的教育强调的是只注意有意义的事物，只做有意义的事情，我们害怕平庸，害怕毫无意义。对世界的许多部分视而不见，一只苍蝇的背、一个邮箱的表面、一根钉在某处墙壁上

---

① 艾江涛．于坚：让词的光辉，洞彻事物（上）．北广人物，2018（29）：27.

的钉子、一朵正午飘过高处的看不出什么的云，它没有穿着马雅可夫斯基缝制的裤子……”① 因此，在他的诗中再小的事物都值得被记录，一条标语、一扇破旧的门、围成一圈的船尾、随处可见的行人，都能成为他诗文中的主角。一个个细节组成的有血有肉的诗篇，是于坚诗文中最动人的地方。

于坚笔下的翠湖，既是用细节描绘的，又是去除了隐喻后的日常。他说：“我见过的湖很多，但湖这个词作为一个具体的命名在我的生命中苏醒，是从翠湖开始的。”② 在于坚笔下，翠湖就是“湖”，它作为具体的“湖”在他的生命中苏醒。在《礼拜日的昆明翠湖公园》里，于坚拒绝隐喻，通过一个又一个可感的细节，试图将自己对于翠湖的喜爱表达清楚，去除语言对存在的遮蔽，以最明白清楚、直截了当的描写赋予了翠湖鲜活的生命。在他的诗里，我们是“老姑姑”，我们是“他舅舅”，我们是“他叔叔”，我们是“小王和小赵”，我们是“昆生和丽媛”，我们是翠湖旁的男女老少，我们甚至是写《礼拜日的昆明翠湖公园》的诗人于坚。这一刻，读者和诗人的情感流动互通，轻松、快乐、肆意和潇洒的感受是那么的真切，于坚将读者于隐喻中解放出来，为他们提供了一个不被遮蔽的真实的诗歌世界。

也正因为这样对具体事物的全力观照与强调，使得于坚笔下的翠

---

① 于坚．暗盒笔记 2：向世界的郊区撤退．广州：花城出版社，2016：57.
② 于坚．云南这边．昆明：云南人民出版社，2019：88.

湖成为了一个能让昆明人灵魂栖居的所在。久处闹市的人们在这里“逍遥法外”，脱离生活的琐碎、工作的闹心，放慢节奏，成为一个喝茶的、玩扑克牌的、谈恋爱的、游手好闲的“在野者”。在这里，人们真正地“松开了”，卸下平时的“面具”，逛逛公园，走过小径，末了在树影间的靠背椅上坐下，和家人朋友们玩点娱乐小游戏。“三点钟进来时/个个还衣冠楚楚/站有站相/坐有坐相”，“一刻钟后/礼貌纷纷瓦解/男女老少/已经宽衣解带/先后随便/微笑相当普遍”①。人们在这里挥霍时光、肆意快乐。这一切的轻松与快乐都是无偿的，因为这是翠湖、是自然给予的。翠湖的“风像一个老裁缝/握着凉快剪刀/把这一日/裁剪成/闪闪发光的/疏影横斜的。”② 这些都定格成永恒的记忆，这是昆明人的记忆，更是整座城市的记忆。时光会淡去，但记忆不会，它只会在时光的打磨下越来越深刻，越来越美好。

翠湖承载着每一个生灵的情绪。这里的人类是自由的，动物也是自由的：“蛇伸出头来/吃些零食/鸟跳下来/与人争光/抢地盘/比高低/鱼戏莲叶西/各族昆虫/明目张胆/打开翅膀/拱出甲壳/开始户外活动。”③ 翠湖从不偏爱任何一个生命，翠湖又偏爱着每一个生命，它平等地给了所有生命情感栖居的地方。正因如此，翠湖才能让“湖”字在诗人的生命中苏醒，在千千万万平凡却美好的生命中苏醒，永葆生机。

---

① 于坚．昆明记：我的故乡，我的城市．重庆：重庆大学出版社，2015：294.
② 于坚．昆明记：我的故乡，我的城市．重庆：重庆大学出版社，2015：295.
③ 于坚．昆明记：我的故乡，我的城市．重庆：重庆大学出版社，2015：295.

## 礼拜日的昆明翠湖公园①

于 坚

大隐隐于市 旧公园 一盆老掉牙的古玩 居然 在市中心逍遥法外
超级市场的眼珠上 种植岛屿 扶持生物 遗老遗少 不外是
小桥亭子 茂林修竹 金鱼 假山 杨柳岸晓 风残月
日日旧 落后于新时代 节奏缓慢 懒散 庸人的拖鞋 先锋派不屑一顾
只是小市民 时不时要进来 脱离斑马线 脱离格林威治标准时间
成为喝茶的人 玩扑克牌的人 谈恋爱的人 成为游手好闲的 在野者

同志们 在单位钩心斗角 在宿舍同床异梦 在人行道上麻木不仁
只对 丽日晴天 风花雪月 只对 茶叶 心悦诚服 不嫉妒

---

① 于坚．昆明记：我的故乡，我的城市．重庆：重庆大学出版社，2015：293－296.

在城里　只有公园的门票　能够统一人品　不必宣传动员　不必强迫
这儿比教堂更有魅力　有罪的人和无罪的人　半信半疑的人　和无神论者
都松开了拿着的手　礼拜日　逛公园

竹林岛　星期天的太阳　比星期六柔和　昨夜下过雨　树还未干　草有些湿
圆桌　一张张在林荫间散置　犹如一只只长腿的白鹳　在接受驯化
小径已经古朴　三百年脚印　才打磨出这等文物　无人在意　踩着它回清朝
“小姐　倒几盅茶来”　一大家子　扶老携幼　背着麻将和点心　拎着水果
在柳树和枫树之间　就座　一模一样的靠背椅　不分家长位晚辈席　铺开布
麻将打起来　淡水鱼的游戏　小赢小输　不图个你死我活　罪孽边缘的娱乐
光明磊落　玩得比较轻松　洒在桌子上的不是象牙金子　是无偿的　碎阳光
终身不嫁的老姑姑　忘记了钥匙　在一只蜜蜂的脚下面　含

着水果糖　当众睡着了　她的老妹妹　悄悄地说

“拿件衣裳给她盖着腿　莫被蜜蜂戳着”

三点钟进来时　个个还衣冠楚楚　站有站相　坐有坐相

他舅舅　特别注意　不揉皱裤子上的线条　胖姨妈　最担心

果汁　滴在旗袍上

他叔叔　要戴着墨镜　看有色人物　他父亲　在一群蝴蝶中

正襟危坐

一刻钟后　礼貌纷纷瓦解　男女老少　已经宽衣解带　先后

随便　微笑相当普遍

毛呢真丝　犹如森林中的兽毛　不再是人的面子　贵贱贫富

而是家常日用的睡衣　短裤　汗衫　袜子　裤腰带　手帕

抹布

脚趾头露出来　痣露出来　胳肢窝露出来　面目露出来　身

材露出来

心不在焉的一群　在体现中　原形毕露　就像假面表演结束

脱下装神弄鬼的面具　“认出来了吧　我是雌猩猩”

过期风景　缺乏新鲜感　没有艺术特色　无人摄影留念

一桌　四个男人玩二十一点　郊区的工人阶级　穿着羊毛背

心　牛皮鞋

另一桌　男男女女　花花绿绿　嗑瓜子掰石榴　削梨　啃甘蔗　喝三种水
发言的　说天下大事　发呆的　想个人问题　发笑的　发现了好笑的
另一桌　下白子黑子　另一桌　看书　另一桌听鸟叫　另一桌　看另一桌的美人

小家庭　石凳上做梦　三位一体　四世同堂之族　在草地上午餐　印象派的起源
湖面上停着些画舫　一艘　坐着小王和小赵　另一艘　昆生和丽媛　鱼戏莲叶北
有人空地上舞剑　有人唱花灯　有人在柳树下梳头　有人形单影只　独立
有人成群结党　社交　有人把脚放入湖水　有人用神仙的声音问：“是哪里的缅桂花开，这么香？”

一个被阳光收罗的大家庭　植物是家什　人是家长　活着的都是亲属
蛇伸出头来　吃些零食　鸟跳下来　与人争光　抢地盘　比高低　鱼戏莲叶西
各族昆虫　明目张胆　打开翅膀　拱出甲壳　开始户外活动

磨磨蹭蹭　路过桌子　茶杯　手表　金戒指　新大陆　令爬行者眼界大开

会被正在捕风捉影的蜻蜓　戳着鼻梁　会被盲动的小飞虫一头撞上眼睛

会被树枝　揪住头发　会身不由己　被阳光驱赶着　从热点向冷门转移

黑色会计师　在石拱桥上　突然发现　世界的背景材料　不是资本　而是天气

中年人　像骆驼出了沙漠　眼睛潮湿　裙子们　举着几个女学生匆匆穿过

绿杨荫里白沙堤　在夹竹桃和仙人掌那边　桃花潭水深千尺

同学目前的作业　是把手伸进水中　摸一下　金鱼

托着荷花的　刺　老儿子　在六角亭里遇见了父亲　子曰：“刚刚　在西园　看见竹笋。”

风像一个老裁缝　握着凉快剪刀　把这一日　裁剪成　闪闪发光的　疏影横斜的　轮廓分明的　摇曳多姿的　裁剪成粗线条　细线条　冷调子　暖调子

民国以前的色谱　旧话本中的木刻　令大碗岛的修拉　暗自惊喜

上帝的大碗　怎么到处都有　这一碗云南沱茶　他可是无从

点彩 着色

鱼戏莲叶东 水边多丽人 在遗传的园林美中 流行于封面的淑女 张开樱桃小口 把一块块果皮 吐进 被公众 形容为“一面明镜”的湖

林中有高士 抒情怀古之余 在草地上 踩灭了第九十九个烟蒂

“不准随地吐痰” “不准乱扔垃圾” “小便入槽”

“讲文明 讲卫生”

是写给外宾看的 口号标语 官样文章 对人民的仙风道骨无效

斯事天天发生 自古如此 没有人大惊小怪 在公园的书法中 此类细节 从来不予记载

得以勒石铭匾的汉字 总是

水月轩 海心亭 九龙池 明月松间照 清泉石上流 鱼戏莲叶南

到傍晚 整个岛 都朝阴影中倾斜 最古典的光线 只有半小时

身在其中 如果视散落于各处的污秽于不顾 少数人 会以为故国依旧 近黄昏

稍后　风停下来　树暗下来　天暗下来　水暗下来　人只得
出去　离开公园　在五幢楼一单元的第七层亮处看它
这块地皮　确实只是　黑暗的一小盆　边缘　正在霓虹灯的
围观下　一点点　萎缩

### （五）聂耳《翠湖春晓》：翠湖春晓歌一曲，燕语莺啼胜笙笳

《翠湖春晓》是聂耳根据云南昆明洞经音乐改编而成的民族管弦乐曲。乐曲生动地表现了春回大地，万物充满生机的景象，也表现了人们对美好未来的期待向往。曲子的形成，与聂耳在昆明的生活经历息息相关。聂耳是云南玉溪人，但出生在昆明，儿时经常与家人、友人游迹翠湖。翠湖虽然不大，但亭台楼阁、水榭曲桥样样俱全。对这里，聂耳感情深厚，因此根据自己过去的生活经历创作了一首充满乡恋之情的民乐合奏曲。

《翠湖春晓》整体基调舒缓优美，一曲终了犹如在春天的翠湖度过一天。乐曲引子轻柔委婉，仿佛清晨第一缕阳光照射下的幽静的翠湖，恬静安宁；主题开始，节拍、速度、调式不断加快，仿佛太阳在升起，人们在走动，花在绽放，鱼在跃起，鸥在歌，风在吹，活跃欢畅；曲末在热烈、欢快的氛围中结束，就像傍晚太阳从翠湖最西边的柳梢上忽地而下。旋律不绝于耳，不由得让人回味今日之重逢，期待明日之再首。

聂耳依恋翠湖，为翠湖而歌唱。翠湖是困苦年代昆明游子眷恋的乡愁，更是心之所向。如今，翠湖水榭蜿蜒、碧波青柳依旧，《翠湖春晓》依然能带来那份静谧与安详！

# 青史留名忆先达

历经数百年沧桑变幻的翠湖目睹朝代更迭，倾听过革命号角的起落，见证了云南科技文化的发展……可谓地灵人杰。在这片深邃而富饶的区域里，还涌现出无数名人大家，在历史长河中留下浓墨重彩的一笔。

限于篇幅，本书无法做到面面俱到，故经过梳理，甄选出 29 位与翠湖关联度相对紧密的历史知名人物。他们或于翠湖畔出生成长，或在翠湖度过人生中的重要岁月……我们将这些知名人士，按照其功绩最突出的领域进行归纳，分为政治、军事、文学、教育、其他五大板块，以年代为经，依次进行介绍，包括生平事迹、在翠湖片区做出的相关成就、后世影响等，以示敬仰！

## 一、政治家

### （一）赛典赤・赡思丁——忠于君而爱于民

翠湖的前身并不是独立的湖泊，它只是滇池的一个湖湾。直到元朝，赛典赤奉命治滇，兴修水利，凿开了海口石龙坝，清理螳螂川河道，滇池水因此外流，湖面渐渐下降，翠湖才变成了独立的湖泊。

赛典赤・赡思丁（1211—1279），回族，中亚（今乌兹别克斯坦）人，历仕元太祖、元太宗、元宪宗、元世祖四朝，曾任云南行省首任平章政事，在滇6年，政绩颇丰，开展屯田，兴修水利，倡办儒学。至元十六年（1279年），赛典赤逝世于昆明，葬于松华坝，被追赠为“咸阳王”。百姓为了纪念他的功绩，在城中立“忠爱坊”，取“忠于君而爱于民”之意。

南宋嘉定十二年（1219年），成吉思汗的铁骑扬起滚滚尘沙，拉开了长达半个世纪的西征序幕。一个叫赛典赤的青年，率部归降，开启了他辉煌的政治生涯。南宋宝祐元年（1253年），忽必烈使用革囊渡江，将云南纳入所辖。但是地处偏远的云南情况错综复杂，镇守云南的宗王忽哥赤竟被毒杀。在这样严峻的形势之下，忽必烈想到了自己非常信任的大臣赛典赤。《滇考·赛典赤张立道父子政绩》载：

> 云南，朕尝亲临，比因委任失宜，使远人不安，欲选抚治，无如卿者①。

于是，赛典赤被派到云南省，担任首任平章政事。面对当时军政不分、号令不行的形势，赛典赤将宣慰司和都元帅府纳入行中书省一并管辖，并改万户府、千户所、百户所为路、府、州、县，正式设立行省，将中庆路即昆明设为行政中心。

赛典赤治滇，最大的功绩当属兴修水利。唐初《括地志》载：

> 滇池泽，在昆州晋宁县，西南三十里。其池水源深广而

---

① （清）冯甦．滇考．徐文德，李孝友，校注．昆明：云南人民出版社，2017：111－112.

末更浅狭，有似倒流，故谓滇池①。

“滇”通“颠”，可见滇池很早之前就已经有堵塞回流等水患问题。赛典赤委派张立道等人疏浚盘龙江，解决了滇池上游的水患，在金马山下修筑了松华坝以分洪截流，又疏通了金汁河、银汁河等河流，形成了昆明地区的灌溉体系。这一套系统，至今还发挥着重要的作用。

### （二）杨一清——出将入相石淙叟

在翠湖西门斜对面，先生坡与翠湖北路交叉口附近，曾经矗立着一座四合院式的祠堂，那是1926年在袁嘉谷等知名文人的建议下，修建的杨一清祠堂。

杨一清（1453—1530），字应宁，号邃庵，自号石淙病叟，又号“三南居士”，祖籍云南安宁，明初随父亲杨景迁居巴陵。自幼勤奋好学，博学多才，文章写得非常漂亮，被乡里以“奇童”推荐为翰林秀才。他14岁中举人，18岁中进士，授中书舍人，后以副使督学陕西，开始了他的政治生涯。杨一清从政50余年，通达时政，谙悉边防军务，官至内阁首辅（宰相），成为明代著名的政治家、军事家，时与刘大夏、李东阳并称“楚中三杰”，《明史》评价他曰：“其才一时无两。”

在漫长的封建社会里，云南被称为“南蛮之地、瘴疠之乡”。尽

---

① （唐）李泰，等．括地志辑校．贺次君，辑校．北京：中华书局，1980：210.

管科举制度在隋、唐时期就有，可云南却等待了 700 多年，直到元朝，云南人通过开科取士，才有机会参与朝廷的管理。然而，云南终究藏龙卧虎，明朝就出了文进士 216 人；清朝更多，共有文进士 700 多人。这些云南人在朝为官大都有滇俗淳朴之风，政绩卓越，青史留名，时人谓之“彩云南现”。而在这些云南的读书人中，唯一做到宰相的，仅杨一清一人。杨一清一生中，曾经两次入阁，其中一次成为首辅，是中国封建社会中唯一“入相”的云南人。他不仅在政治上出色，在军事上也武功卓著，时人称其“用兵如神，算无遗策，灵机应变，动合时宜”。在抵御外敌的入侵中屡建奇功，《明史》将他喻为与唐代名将郭子仪、名相姚崇一样的干才。

杨一清的文学地位也非常高，其诗风沉雄高古，与茶陵派代表李东阳齐名，李东阳将其看作诗坛改革先驱。杨一清一生著作很多，主要著作有《石淙诗钞》《关中奏议》《邃庵集》《西征日录》和《吏部献纳稿》等。

1926 年，由云南省主席顾品珍率先募资重建，后由护国名将唐继尧主持续建的杨文襄公祠在翠湖落成。其后每年腊月初六，云南各界名流定时按乡贤、名宦的礼节祭祀杨文襄公，以景仰他的高风亮节、道德文章，成为当时昆明一大盛事。随着城市发展突飞猛进，杨文襄公祠被拆除了，但是一位叫王保平的昆明人，买下了拆下来的古建筑材料，在昆明金殿后山，重建了一座杨一清纪念馆。尽管许多地方被风雨褪色，历经人为摧残和岁月洗礼，但它仍静静地伫立在那里，述说着一段曲折的历史。

（三）范承勋——碧漪潋滟海心亭

四方重檐，四方回廊，端庄轩昂，这就是翠湖的“碧漪亭”，也称“海心亭”。清康熙三十一年（1692 年），云贵总督范承勋在翠湖的湖心岛上，主持兴建碧漪亭，其被四面波光环绕，绿柳成荫，分外动人。

范承勋（1641—1714），字苏公，号眉山，自称九松主人，辽宁抚顺人，隶属汉军镶黄旗，官至云贵总督、两江总督、兵部尚书、太子太保。范承勋一直深受康熙皇帝的信任、关照。康熙二十五年（1686 年），范承勋被派往南方担任云贵总督，《国朝先正事略》评价他曰：

> 在滇九年，所祛蠹弊其多，而清监策，不得按户抑派，酌道里远近，定支发军饷条例，更不得巧法腹，至今赖之①。

意思是说范承勋在滇九年间，祛除了许多政务上的弊病，整饬吏治、军务、粮饷，做了不少有利于地方有利于百姓的实事，其中最出彩的当属平定骚乱。根据《清史稿》记载，云南当时是主要产铜地，每年都要铸造许多铜钱。在康熙二十七年（1688）时，因为铜钱积压

① （清）李元度. 国朝先正事略 1. 易孟醇，点校. 长沙：岳麓书社，2008：15.

太多，政府决定通过发放军饷的方式来消化。但是沉重的铜钱不方便行军，加之云南左协军队调防昆明郊区，点燃了士兵们积压的愤懑，导致兵变，且有蔓延到其他军队的趋势。对此，担任云贵总督的范承勋，迅速采取了措施，圆满解决了兵变危机，得到了皇帝的赞赏①。

康熙三十三年（1694 年），范承勋主持纂修《云南通志》。是志三十一卷，首一卷展现了云南地方的历史及现状，是“一方之全史”，起到了存史、资治、教化的作用。在任期间，范承勋主持兴建了许多寺观、文庙等，其中，包含翠湖的碧漪亭。碧漪亭位于翠湖正中央的湖心岛，风光秀丽。何彤云《夏日海心亭》诗曰：

东面高楼西面廊，翼然亭子起中央。
碧琉璃水过新雨，红菡萏花娇夕阳。
不厌蛙声喧阁阁，欲知鱼乐听堂堂。
一堤界破湖天景，缺处还须补绿杨②。

碧漪亭，历经三百多年的风雨，屡经修缮，至今仍屹立在翠湖中央。在此，可观鱼戏荷花，听蛙声蝉鸣。

---

① 李晓巧．范承勋父子总督两江的政绩以及结局．文史天地，2019（10）：49－53.

② 段跃庆，杨枝丽，郑思礼，评注．历代诗人咏云南．昆明：云南大学出版社，1994：39.

## （四）阮元——达官中之真学者

“一径跨湖水，双堤垂柳阴。”① 陈荣昌的这句诗，描写的便是翠湖两条长长的十字形相交的柳堤，其中南北横堤被称为“阮堤”，这是清道光年间云贵总督阮元所修筑的。

阮元（1764—1849），字伯元，号怡性老人，清中期官员、经学家、训诂学家，先后在礼部、兵部、户部、工部供职，担任过漕运总督、湖广总督、云贵总督等。《清史稿·阮元传》中是这样评价他的：“身历乾嘉文物鼎盛之时，主持风会数十年，海内学者奉为山斗焉。”② 阮元一生历经乾隆、嘉庆、道光三朝，以提倡学术为己任。他倡导朴学，主持编纂《经籍纂诂》，校刻《十三经注疏》，汇刻《皇清经解》等，学术成就极高。

清道光六年（1826 年），阮元调任云贵总督。当时，云南地区的盐政衰弊，阮元到任后不久，便接到了皇帝的圣旨，即刻着手完善盐政，惩治污吏；一年后，云南盐税扭亏为盈。同时，从他道光六年、七年的作品，如《丽江雪山》《阅黔西威宁镇兵》可以发现，他的身影出现在全省各地，主要是为了深入基层，了解民生。

当政事相对稳定之后，他的学术天性便无法压制，在听闻《太平寰宇记》中记载的“爨龙颜碑”已经被找到后，欣然前往，并在碑

---

① 昆明市政协文史委员会编．昆明诗词楹联碑文集萃．昆明：云南人民出版社，2006：49.

② （清）赵尔巽．清史稿．北京：中华书局，2020：864.

文下题跋：

> 此碑文体书法皆汉晋正传，求之北地亦不可多得，乃云南第一古石，其永宝护之①。

地方志自明清以来，一直受到朝廷高度重视。阮元在云南任职的九年内，延揽学者编纂地方志。他反对标新立异的修志方法，主张重视文献原貌，倡导合乎史法的方志体例，最终编成《云南通志稿》。

清道光十四年（1834年），阮元效仿白居易、苏东坡杭州西湖筑堤，在翠湖修筑了一条贯通南北的长堤，被称为“阮堤”。堤上有三座石桥，分别是燕子桥、采莲桥、听莺桥。同时，阮元为碧漪亭题匾“濠上观鱼”，取庄子、惠子濠梁观鱼之意，并撰联曰：“子产舍鱼溯放生之始，庄周知乐开转偈之机。”②

阮元在滇期间，边境平安，矿业繁荣，百姓安居乐业。除此以外，他还留下了两百多首诗、六十多篇文章、二十余篇碑记以及许多古代文物，其立身情操、政治才能、学术成就，对云南产生了深远影响。

### （五）林则徐——为云南育英才

云南大学校园内有着一座庄重典雅的古建筑——至公堂，这里曾

---

① 李昆声．云南考古学通论．昆明：云南大学出版社，2019：508.

② 江忍庵纂辑，乔继堂编．传统文化修养丛书·分类楹联宝库．上海：上海科学技术文献出版社，2019：598.

是南明永历皇帝的行宫，更是云南省举行乡试大典的重地，林则徐就曾在这里主持过乡试。其间，林则徐尽责尽心，严格把关，杜绝舞弊，使其所主持的乡试成为云南科举史上录取士子最多的一次。

林则徐（1785—1850），字元抚，又字少穆，晚号俟村老人，福建人，中国清代后期政治家、文学家、思想家，清嘉庆十六年（1811年）考取进士，曾担任翰林编修、江苏按察使、江苏巡抚、湖广总督等职。清道光十九年（1839 年），他以钦差大臣身份赴广东禁烟，在虎门销毁大量鸦片，史称“虎门销烟”，其主编的《四洲志》对晚清的洋务运动具有启发作用。

林则徐曾两度来云南任职：第一次是清嘉庆二十四年（1819年），到云南担任乡试正考官，次年被调回京，历时仅仅七个月；第二次则是清道光二十七年（1847 年），任云贵总督。

在滇期间，林则徐十分重视人才培养，将重视人才放在施政之要。对于云南的科举，他秉持“僻诡浮薄之词，概斥勿录”的取才原则，对于奇异浅薄的文章，概不录用。工作中，他“无一事不尽心，无一事无良法”；在放榜之后，他还查访询问民众的议论，采纳民众意见，以求公平公正。

林则徐写过一篇《己卯科云南乡试录序》。在《序》中，他欣喜地写道：“诚挺华擢秀，蒸蒸日上。”① 他认为云南人才辈出，如草木

① 林则徐全集编辑委员会．林则徐全集．福州：海峡文艺出版社，2002：361.

发荣滋长，云南的文教事业也必定会生机勃勃，发展兴盛。为此，他还主持选编了试卷中“文艺诗策尤雅者十四篇”，呈给嘉庆帝御览，以示云南乡试的公正和边陲士子的才学。

林则徐在滇期间倡导“经世致用”的教育之风，深深影响了之后的云南代代文人。后人对林则徐“擢拔公平”的作风赞道：“自庄蹻启域、汉武置郡以来，未有如今日之盛也。”①

如今的至公堂与贡院位于云南大学东陆校区内，仅存至公堂和一排考舍。至公堂坐北朝南，尽显威仪。屋顶为单檐硬山顶，使用黄色琉璃瓦，双联土木结构，面阔五间，宽 27 米，进深五间，深 18 米。堂内彩画多采用青黄两色，并配有贴金、龙纹等装饰。考棚坐北朝南，长53 米，宽11. 3 米，上下两层，建筑面积1199 平方米，其结构为砖木结构，房屋外侧均有外廊转通。至公堂 1987 年重修时，改为钢混结构建筑。1987 年，云南省人民政府将至公堂纳入云南省重点文物保护单位。

### （六）唐继尧——东大陆主人

翠湖公园中有两条相交的长堤，堤上柳荫路曲，流莺鸣啭，是谓“翠堤春晓”。因二堤中东西贯通者是曾称霸云南的“东大陆主人”唐继尧在 1919 年拨款修筑的，故称其为“唐堤”。

唐继尧（1883—1927），又名荣昌，字蓂赓，云南会泽人。他出

---

① 杨宝康．杨国翰与林则徐的交往考论．思茅师范高等专科学校学报，2002(04)：18 –20.

生于一个勤于功名的书香门第家庭，幼年便过目成诵。清光绪三十年（1904 年）赴日本留学，光绪三十一年（1905 年）秋加入同盟会，宣统元年（1909 年）毕业于日本士官学校。次年初，唐继尧回到昆明，随后被任命为云南陆军讲武堂教官，开启了他人生的新阶段。

唐继尧在昆明任新军管带等职期间，策动辛亥云南“重九起义”。1915 年袁世凯窃国称帝，他又领导了护国运动，在摧毁帝制，维护共和的过程中立下丰功伟绩。唐继尧 1913 年开始执政云南。早期他专心治滇，兴办教育，筹办市政、发展实业。唐继尧以自己“东大陆主人”的别名，于 1922 年创办中国西南第一所大学——东陆大学，并作“自尊、致知、正义、力行”之校训。由于唐继尧的重视和支持，东陆大学的成绩与效率曾在全国同类大学中“居优胜地位”，后得以发展为云南省最高学府——云南大学。他还创办了招收男女学员的云南航空学校，培养出西南地区的第一支航空队伍。他还建立了云南历史上第一条公路，支持庾恩锡创办“亚细亚烟草公司”。

唐继尧喜爱翠湖，十分关心翠湖的建设，他明确指示财、警两厅，将翠湖建设成一个公园。除去捐出巨款外，更是个人出资，在东西长堤的两端各建了一座“双节坊”。唐继尧将自己的私宅建在翠湖旁的圆通山西麓。这座有着“唐公馆”“梅园别墅”“红楼”等多种叫法的建筑是当时昆明园林花园豪宅之首。万揆一先生这样描述唐公馆：“花木繁茂，地阔景幽。两层中西式楼房，是他公余生活、会客、读书的所在。”① 1925 年以后，唐继尧因政事繁忙，一度迁往五华山。这期间，唐公馆曾每周六开放，任人参观。人们可以在园中自由徜徉，亦可到客厅中息足。1927 年“二六”政变后，唐继尧重返唐公馆，并于同年 5 月 23 日病逝于此。1935 年，国民政府感念唐护国之功，明令褒扬，于 1936 年改公葬为国葬，为其补行国葬仪式。

唐继尧一生跌宕起伏，后人评价不一。但不可否认的是“护国讨袁南天一柱，治滇兴教东陆独尊”。这副悬挂在唐继尧故居正堂的对联，是后人对唐继尧一生最为中肯的评价。

### （七）龙云——十八载云南王

今日翠湖内的莲花禅院是闹中取静的好去处。信步走入，在茂盛的花木掩映中，首先映入眼帘的便是大殿正中的戏台，以及南北角重檐八角攒尖顶的两幢八角亭。龙云主政云南期间，倡导振兴滇剧，由此修建了该戏台，故称其为“龙云戏台”。如今戏台还在，龙云已去，留下曾经的滇剧声回响在人们久远的记忆中。

龙云（1884—1962），原名登云，字志舟，彝族，云南昭通人，云南近代史上的传奇人物。幼年由于父亲早逝，家境衰落，由舅父抚养长大。龙云对武术兴趣浓厚，于是流浪于金沙江两岸地区，一边习武一边做木材生意，练就一身武功。1912 年经人介绍投入滇军，考入坐落于昆明翠湖畔的云南陆军讲武堂第四期骑兵科，自此开启他

① 万揆一．昆明掌故．昆明：云南民族出版社，1998：44.

“十八载云南王”的传奇一生。

龙云在讲武堂求学期间，便大展身手。时至今日，人们仍津津乐道1914年龙云跃上擂台一举打败法国拳师的事迹。这次胜利使龙云名声大涨，吸引到时任云南都督唐继尧的注意。毕业后不久，龙云就成为唐继尧的侍卫副官，并一路被提拔重用。1922年，唐继尧二次回滇，重掌云南大权后论功行赏，龙云被委为滇军第5军军长兼滇中镇守使。

1925年滇桂战争以滇军失败告终，唐继尧一蹶不振并开始忧心于龙云等干将尾大不掉，于是撤掉龙云的实权，二人之间出现嫌隙。1927年2月，龙云为首的四镇守使发动“二六”政变，推翻了唐继尧对云南的14年统治。间隔4个月，四镇守使内讧，爆发“六一四”政变，龙云在此役中付出失去左眼的代价，他于1928年1月成功就任云南省政府主席，开始了对云南省的18年统治。

龙云是一位心怀天下的“云南王”，我们从一件小事中便可充分感知。龙云任云南省主席不久，便在威远街东侧的黑龙池边修建龙公馆，一住便是十几年。西南联大初到昆明时办公地点局促，他慷慨地把龙公馆的一部分安排给西南联大做办公用地，甚至还在馆中为一对青年学生举办婚礼，一时传为佳话。

总之，龙云担任省主席期间，用实际行动昭告世人，他不仅在战场上骁勇善战，抓起建设来也是一把好手。在建设“新云南”的大目标下，他对政治、军事、经济、文化、教育、交通等诸多方面实行系列整顿和改革，对东南亚各国亦采取开放政策。这些措施收到相当好的成效，使地处边疆的云南成为民国动荡年代一个引人注目的省份，也为抗战稳定大后方奠定了基础。他本人更是支持民主运动，为和平解放云南作出突出贡献，是云南近代史上的传奇人物，被称为“云南王”名不虚传。

### （八）卢汉——黄花晚节香

风景如画的翠湖外侧，翠湖南路4号绿荫繁茂，其中坐落着一幢别致的法式小楼，这便是著名抗日爱国将领卢汉的故居——卢公馆。

卢汉（1895—1974），原名邦汉，字永衡，彝族，云南昭通人，著名抗日爱国将领。卢汉与龙云是表亲，二人的家仅一山之隔，曾一同闯荡金沙江两岸地区，也先后在云南近代史上谱写出壮丽诗篇。

早期卢汉一直是龙云坚定的伙伴及支持者。二人一同进入陆军讲武堂学习，毕业后卢汉在滇军各派系的激烈斗争中为龙云立下汗马功劳，扶持其登上云南省主席的宝座。龙云也对他惺惺相惜，故卢汉在1928年至1930年兼任云南省政府财政厅厅长。直至抗日战争爆发，卢汉才逐渐从龙云耀眼的光环下走出，闻名全国。

1937年卢汉被任命为国民革命军陆军第60军军长。1938年4月，60军奉命接守战略要地台儿庄。卢汉正确指挥，带领部队坚持27天，浴血奋战，使敌方遭受重大损失。日本报纸不得不承认：“自

‘九一八’与华军开战以来，遇到滇军猛烈冲锋，实为罕见。”① 因为此役颇著战功，卢汉先后任军团长、第一集团军副总司令、总司令、第一方面军司令官等职。1945 年 12 月他接替龙云，任云南省最后一届省政府主席。

登上云南权力之巅后的卢汉展露出更多的智慧和谋略。彼时国民党政权大厦将倾，卢汉敏锐地发现：“我们都坐在国民党这只船上，由于这只船的管理人员太不行、太坏，使这只船经不起大风大浪的冲击，眼看就要沉没了。不过，它既是一只大船，不是一下子就可以沉下水去，还得慢慢地沉。沉是注定的了，问题是坐在船上的人各自怎么办。”② 他审时度势，于 1949 年 12 月 9 日在公馆大宴驻昆明的国内外政要为契机，将第 26 军军长余程万、第 8 军军长李弥、军统局云南站站长沈醉等人缴械软禁，并于当夜 22 点宣布云南起义。蒋介石获悉此消息，心知大势已去，于次日在成都机场黯然登机，自此永远离开大陆。

卢汉主政云南的五年，正是我党由取得抗日战争胜利到推翻官僚买办资产阶级统治，建立新中国的伟大历史时期。卢汉能够审时度势，从与蒋家王朝保持一定距离逐步发展到率部起义，走上了光明大道，当真配得上毛主席“你在云南起义，为了人民立了大功。你抗了

① 吴宝璋．龙云与云南抗日战争．昆明：云南大学出版社，2020：40.
② 中共云南省委党史研究室．中国共产党云南历史．昆明：云南人民出版社，2016：492.

日，又起了义，晚年能这样就不错了。你就是黄花晚节香。”① 的评价。

为了纪念卢汉，他的卢汉公馆 2019 年被列为第八批全国重点文物保护单位。后昆明市五华区人民政府在原建筑基础上将其改造为云南起义纪念馆，作为著名的爱国主义革命教育基地，于 2019 年 7 月 1 日正式向公众开放。

纪念馆内设立展板，图文并茂地介绍了卢汉策划云南起义的整体经过。展柜呈列多样与起义相关的或与卢汉从军经历有关的文物，并在公馆的房间内重新布置其生活工作场景，用人物蜡像复原了起义当晚会客厅中卢汉扣押各国民党军官时剑拔弩张的惊险场面。纪念馆采取场景复原、实物资料展示和展板展示相结合的形式，再现了云南起义惊心动魄的经过，展示了卢汉不平凡的生平事迹。

云南起义纪念馆的设立是对卢汉舍身为民、果敢卓绝的爱国精神的赞颂，也是对他为云南和平解放做出巨大贡献的肯定。

### （九）闻一多——如红烛般，照亮漆黑的夜

翠湖周围号称有“九巷十三坡”，这些长短不一的巷道写满了历史故事，储存着老昆明人的记忆。其中有一条不足百米的西仓坡尤为有名，因为它是闻一多当年洒下鲜血的殉难处。

闻一多（1899—1946），本名闻家骅，字友三，湖北浠水人，中

① 普忠良．中国彝族．银川：宁夏人民出版社，2013：289－290.

国著名的政治家、文学家、革命家，1912 年考入清华大学留美预备学校，1916 年开始在《清华周刊》上发表系列读书笔记，1925 年 3 月在美国留学期间创作《七子之歌》，1928 年 1 月出版第二部诗集《死水》，之后致力于对《周易》《诗经》《庄子》《楚辞》四大古籍的整理研究，被郭沫若称为“前无古人，后无来者”。1937 年 7 月，闻一多来到昆明，任北大、清华、南开三校合并后的西南联合大学教授。

来到昆明后，闻一多逐渐从书斋走向社会。他在许多集会上发表过极具战斗力和影响力的抗日救亡演讲。抗战胜利后，他积极投身反对内战的斗争，在“一二·一”运动中走在前列，主持了公葬四烈士的典礼。战时条件艰苦，但闻一多仍然把微薄薪水拿出来支持革命运动、支持学生印刷进步刊物，以至于为了维持生活，他不得已当掉自己唯一的一件大衣。

1946 年 7 月 11 日晚，李公朴被国民党特务枪杀于翠湖旁的大兴坡。闻一多连夜赶到现场，看到李公朴的尸体，他抱尸恸哭，悲愤难忍，挺身而出，于 7 月 15 日到云大至公堂参加李公朴追悼会。在追悼会上，闻一多拍案而起，发表了气壮山河、震古烁今的《最后一次演讲》，并将生死置之度外地庄严宣告：“我们随时像李先生一样，前脚跨出大门，后脚就不准备再跨进大门！”① 演讲后，闻家人一直

① 闻一多．最后一次演讲．北京：中国工人出版社，2016：6.

担心他的安全，幸而他在学生的簇拥下他安全回到西仓坡西南联大教授宿舍的家中。谁料当天下午，闻一多又赶赴《民主周刊》社，参加民盟为李公朴暗杀事件举行的记者招待会，到家门口时，倒在了特务的枪口下。这一年，闻一多 47 岁。

闻一多在云南生活了八年有余。正是在云南的这一方热土上，他积极投身到抗日救亡和争民主、反独裁的斗争中，为实现真理而英勇奋斗，直至献出宝贵的生命。时至今日，云南师大校园内四烈士墓前，仍有闻一多衣冠冢，校园民主草坪中仍立有闻一多红砂石雕立像，还有西仓坡“闻一多殉难处”纪念碑……其中，闻一多殉难处碑于 1987 年被列为昆明市级文物保护单位。这些印记，既是云南和昆明的宝贵精神财富，更在漫长的岁月中鼓舞着无数人像闻一多一样将爱国主义贯穿一生，不惜为实现国家富强而献身。

2016 年 7 月 15 日，为纪念闻一多牺牲 70 周年，民盟云南省委、昆明市五华区党史部门经过积极努力，多方协调，对原“闻一多先生殉难处”革命遗址进一步改造提升，设立了“闻一多先生红烛文学艺术走廊”。

“闻一多先生文学艺术走廊”位于昆明翠湖岸边，长达 220 米，以西仓坡为基础，东连翠湖北路，西连钱局街，这处极具地理优势的位置能达到较好的宣传教育目的。文学艺术走廊常年展出闻一多先生具有代表性的文艺作品共计 130 余件，涉及到书法、诗歌、绘画、篆刻、书籍装帧设计等多个领域，充分展示了先生生前的诸多成就。另外，在“闻一多先生殉难处纪念碑”旁的墙面上还放置着书法家乔明亲笔书写的闻一多《最后一次演讲》全文，表达了人们对民主革命义士闻一多的深切缅怀和由衷敬意。闻一多先生虽然倒下了，但他的精神长存；《最后一次演讲》荡气回肠，经久不衰。

### （十）李公朴——为民主革命而献身的战士

依翠湖而建的北门街中段有一栋砖木结构的二层建筑，门头挂着“广益饭店”的招牌，其实这里原为工商界人士李琢庵私宅，1942 年李公朴迁居于此，楼上两间为卧室和书房，楼下两间临街铺面开设书店，此即著名的“北门书屋”。

李公朴（1902—1946），字晋祥，号仆如，江苏淮安人。李公朴出身贫寒，却在斗争中不断成长。少年辍学当学徒，因抵制“日货”并揭发店主贩卖“日货”而被辞退；考进武昌文华大学附中后，又因闹学潮被学校开除。1925 年他考入沪江大学，一年后弃笔从戎，前往广州北伐军。“四一二”反革命政变后，他认清国民党反动派的面目，愤然离开军队前往美国留学。

1931 年“九一八”事变后，李公朴决心投身于社会教育，为抗日救国贡献力量。之后的几年里，李公朴先后在上海创办了《申报》流通图书馆，主编《读书生活》半月刊，成立读书生活出版社，出版《资本论》等马列主义经典著作……逐渐成为全国知名的民主爱国人士。

1941 年 12 月，李公朴和夫人张曼筠带着一双儿女来到昆明，打算经由滇缅公路前往缅甸，争取侨胞的支持。出乎意料的是，由于害怕李公朴在国外做不利于当局的宣传，国民党外交部驻昆办事处拒绝为其办理出境签证。这样，李公朴便不能前往缅甸。为了更好地宣传真理，发动群众，1942 年底，在友人的支持下，李公朴在翠湖旁的北门街创建北门书屋，后来又创办北门出版社。

李公朴的到来增强了昆明的民主力量，引起了反动派的恐慌。1946 年 7 月 11 日，李公朴在昆明市遭国民党特务开枪暗杀，次日凌晨因伤重、流血过多牺牲。李公朴用自己的鲜血，揭露了国民党反动派的罪恶统治，进一步擦亮了全国人民的眼睛，推动了日益高涨的爱国民主运动，加速了蒋家王朝的灭亡。为了纪念“为民主革命而献身的战士”李公朴，北门书屋于 1983 年被列为昆明市文物保护单位。同年，李公朴殉难处被列为区级文物保护单位。

## 二、军事家

### （一）沐英——神骏生光柳成行

说到沐英，很多人便想到“柳营洗马”。沐英（1345—1392），字文英，濠州（今安徽凤阳）定远人，明朝开国功臣，军事将领，明太祖朱元璋的养子。自至正十六年（1356）起，十二岁的沐英跟随朱元璋攻伐征战，开始军旅生涯。

明洪武十四年（1381 年），随着北元云南最后一代皇室梁王兵败白石江，其右丞观音保打开昆明城投降，元朝在云南的统治也正式结束。两年后，云南正式被平定，与沐英一同征战的傅友德、蓝玉班师回朝，而身为朱元璋义子的沐英留在了云南。洪武十五年（1382年），沐英修筑云南府城，囊括翠湖和五华、螺峰、祖遍三座大山。处在府城中心的一汪碧水——翠湖，深得沐英的喜爱。

除了爱马，沐英留滇镇守滇南十年间，大兴屯田，劝课农桑，礼贤兴学，传播中原文化，安定边疆。云南沐氏家族从沐英留镇云南，到南明永历十三年（清顺治十六年，1659 年）沐天波随永历帝逃亡缅甸而亡，一共存在了 12 代，计 279 年，几乎与整个明朝兴亡相始终，在明代云南历史上占据了十分重要的位置。

历史长河滚滚不绝，前人的遗迹被不断洗刷。如今，我们只能通过云南省图书馆门前的“洗马池公园”，管窥当时盛大的场面，追寻前人的足迹，探知沐英洗马时的所思所想。

### （二）蔡锷——为四万万人争人格

位于翠湖北岸的北门街，除了上文提及的至今仍可前往探访的北门书屋、唐家花园等，在丁字坡与北门街的夹角处，曾是蔡锷任云南首任军都督三四个月后结婚成家之地。如今来到北门街 45 号，早也寻不到当年的踪迹，但好在曾是此处住客的沈从文，在其文章《昆明冬景》中略有描述：“新居移上了高处……从小晒台上可望见北门门楼上用虞世南体写的‘望京楼’的匾额。”① 从中可见，这里原是一

---

① 沈从文．沈从文湘西纪事作品集．青岛：青岛出版社，2020：189.

处安逸闲适的所在。

蔡锷（1882—1916），原名艮寅，字松坡，湖南邵阳人，中国近代杰出军事领袖。他12岁中秀才，16岁考入长沙时务学堂，师从梁启超、谭嗣同，并与其建立起深厚的师生友谊。他1899年赴日本留学，一年后随唐才常归国，参加自立军起义；失败后，更名“蔡锷”，再赴日本。光绪二十八年（1902年），他进入东京陆军士官学校骑兵科，与中国同学步兵科蒋百里、工兵科张孝准，同被称为“中国士官三杰”。光绪三十年（1904年），蔡锷毕业归国，正式进入军界。

当时大批同盟会会员和从日本回国的思想激进的青年军官，分布在云南陆军讲武堂和新军第19镇中。他们活动频繁，积极策划和组织反清革命斗争。蔡锷受到日益高涨的革命形势的影响，暗中与同盟会保持联系，对革命党的活动给予同情和协助。1911年，蔡锷响应辛亥革命及武昌起义，与昆明同盟会员先后召开过五次秘密会议。在10月28日举行的最后一次秘密会议上，他写下了“协力同心、恢复汉室、有渝此盟、天人共殛”① 十六个大字，火烧后调入酒中，由与会众人分饮以结同心。此次会议推选蔡锷为起义军总司令，决定于10月30日（农历九月九日）午夜起义。

但由于当晚8时许，昆明北校场士兵准备枪弹时，计划暴露，起

① 中国人民政治协商会议云南省委员会文史资料委员会．云南文史资料选辑第41辑：辛亥革命在云南．昆明：云南人民出版社，1991：84.

义提前于上午 9 时发动。此役一举将云贵总督李经羲逮捕，蔡锷也顺势被推为云南都督。但因为此事刺激到袁世凯，所以 1913 年到 1915 年的时间里，蔡锷不得不奉命北上，留在北京进行“调养”。最初蔡锷对袁世凯仍抱有幻想，可袁世凯与日本帝国主义秘密签订卖国的《二十一条》之举深深刺痛了蔡锷，使他看清了袁世凯的反动面目。袁世凯称帝，促使蔡锷终于决心以武力“为四万万人争人格”。他潜回昆明，组织护国军，发动护国战争，云南于 1915 年 12 月正式宣布独立。

再造共和的伟绩使蔡锷成为闻名全国的将领。但讨袁成功后，蔡锷却主动解甲归田。1916 年 11 月 8 日，身患喉癌的蔡锷病逝于日本福冈医院，年仅 34 岁。英雄逝去，光辉永照，护国名将蔡锷在中国近代史上可谓是一颗璀璨夺目的明星。孙中山先生在挽联中赞誉他“平生慷慨班都护，万里间关马伏波”①，不可谓不贴切。

### （三）朱德——人民的光荣

作为中国十大元帅之首的朱德元帅，戎马一生。朱德（1886—1976），原名朱代珍，字玉阶，四川仪陇人。1909 年，23 岁的朱德与同乡挚友秦昆穿着草鞋，挑着货郎担，经过 70 多天的艰难跋涉从家乡来到昆明，一同投考云南陆军讲武堂，以期寻找救国的道路。

陆军讲武堂不仅是朱德军事生涯的起点，还是他参加民主革命的

① 陈家铨．历代名人楹联．成都：巴蜀书社，1989：191.

起点。在这个革命的大熔炉里，朱德的思想迅速地变化着。他设法躲过清朝耳目的监督，如饥似渴地阅读在学校秘密流传的各种革命刊物，如《民报》《革命军》《云南》等，这些进步书刊拓宽了朱德的知识视野。革命环境的熏陶，促使朱德完全接受了孙中山的民主革命思想。第一学期后的一天，在范石生的介绍下，他毅然宣誓加入中国同盟会。加入同盟会标志着朱德立志为推翻清王朝，建立民主共和国贡献自己的力量。从此，他走上了彻底推翻封建专制统治的革命道路。

自此至1922年间，朱德先后三次在昆明生活居住了5年。1921年，朱德任云南陆军宪兵司令部司令官，云南省警务处长兼省会警察厅长等职，曾居住于昆明水晶宫红花巷4号，并建盖了小梅园巷3号宅院。朱德将梅园巷3号楼房后面的空地建成一个小小的花园，并取名为“洁园”。这个貌似普通的命名其实暗含深意：既表达了朱德对当时军界官场腐败黑暗的种种现象的不满，寄托了洁身自重的理念，也表达了他对革命理想的向往与追求。

在翠湖旁的一方“洁园”里，朱德完成人生的重要转变，认识到资产阶级领导的旧民主主义革命不能解决中华民族出路问题。1922年3月，唐继尧率部反攻昆明，重新掌握云南大权后，随即对朱德等人发出通缉令。朱德遂告别了“洁园”，带着妻儿离开了“第二故乡”昆明，动身前往德国，并由张申府、周恩来介绍，加入了中国共产党，由此走上了全新的革命旅程。

新中国成立后，朱德作为中华人民共和国元帅、国家副主席，分别于1957年、1962年、1965年3次到云南视察工作。1957年2月中旬，朱德来到昆明，视察了云南的工厂、农村，并在中共云南省委的安排下，重返自己曾经住过的房子。朱德深情地对大家说："云南是我的第二故乡，有光荣的革命传统，我永远不会忘记云南。"①

为了纪念其在昆明的贡献，朱德旧居于1987年被列为云南省级重点文物保护单位，如今改造为朱德旧居纪念馆，供公众参观。通过一件件饱经沧桑的珍贵文物、一张张定格历史的资料照片、一幕幕展现风云变迁的珍贵影像，我们能深切感受到朱德同志强烈的家国情怀和明大德、守公德、严私德之人格魅力。

## 三、文学家

### （一）钱南园——瘦马御史

正对翠湖公园东大门，卢汉公馆静默地矗立在雨中，紧闭的绿色铁门更显出建筑的威严和肃穆。而这，也是钱南园先生祠堂的旧址所在。

钱沣（1740—1795），字东注，一字约甫，号南园，云南昆明人，清代著名的清官、书画大家，乾隆三十六年（1771年）进士，曾任提督湖南学政、江南道监察御史、通政司参议加太子太保、吏部尚

---

① 王君正．昆明三万年．昆明：云南大学出版社，2004：86.

书、协办大学士。1795 年 9 月 18 日，钱南园因积劳成疾，病逝于北京，享年 56 岁。

左宗棠在《钱南园先生文存序》中高度评价他："尝论先生为人，清严可畏，其文诗书画之形诸外者，无非充实之光辉。譬犹石上孤松，独立云壑，而骨干枝葉，苍然认坚，黝然以光，人人望而知敬，盖天地严凝之气所特钟也。"① 钱南园的风骨不仅体现在为官上，还体现在作品中，其书法集诸家之长，尤其精于颜体，笔力雄劲；他还特别善于画瘦马，笔墨凝重而傲岸有神，被戏称为"瘦马御史"。其著作有《钱南园遗集》《南园诗存》《南园文存》等，其楷书代表作有《枯树赋》《冒雨寻菊序》《守株图诗》《端阳竞渡序》，行书代表作有《桂花厅记》等。

陈荣昌先生力主建立钱南园祠堂，并寄俸银二千两回滇，为南园先生建专祠。他们选择了翠湖东南畔青莲街学士巷一处地方，在 1894 年建祠三木盈，东西厢房各二，祠东空隙地辟为花园，建楼三层；建祠所剩银两，备刻《南园遗集》。之后，钱公祠于 1948 年被原云南省主席卢汉扩建其公馆时全部拆毁。自 1894 年陈荣昌先生倡建到 1948 年拆毁，钱南园先生祠堂在昆明存留了 54 年。

朱筱园有诗赞道："七月西风翠湖上，藕花常伴稻花开。"② 弹指一挥间将近半个世纪，这样的美景已经不复存在，只有老昆明人脑海

---

① 余嘉华．钱南园诗文集校注．昆明：云南民族出版社，2007：378.

② 李作新．东陆园随忆．昆明：云南大学出版社，2015：426.

中还残留着一丝记忆。

## （二）朱自清——留在昆明的背影

青云街是翠湖周围的一条老街，因为紧邻老贡院，所以又称贡院街。传说青云街上曾有一座“龙门桥”，考生踏过此桥才能走入贡院考取功名，所以“青云”二字又取“青云直上”之意。抗战期间，西南联大的很多师生都住在这条街，其中就有朱自清。

朱自清（1898—1948），中国现代散文家、诗人、学者、民主战士，原名自华，号实秋，后改名自清，字佩弦。他出生于江苏省东海县，后随祖父、父亲定居扬州，自称“我是扬州人”。1938 年 3 月，朱自清随新组建的西南联大到了昆明，住进了青云街 79 号。

在青云街的日子，虽然推门即见鲜花覆盖的圆通山，清秀苍郁的翠湖，但由于朱自清担任联大中文系主任，又兼任清华中文系主任和师院国文系主任，行政事务颇多。加上战时环境不稳定，图书资料缺乏，除教学外，他很难坐下来进行学术研究，常写不辍的散文和书评也搁笔许久。所幸不久他便悚然而惊，意识到“浪费精力于漫谈闲事，将损害余之研究工作”①，便以“埋名隐姓，忧谗畏讥”集成一联作为自己的座右铭，决意少管身外之事，一心埋头学问。他高效完成了《论“以文为诗”》《论句子的主词及表句》《中国散文的发展》等论文，还著有散文《蒙自杂记》《北平沦陷那一天》，剧评《〈原

---

① 赵夏榕．读懂朱自清．南宁：广西人民出版社，2014：90.

野〉与〈黑字二十八〉的演出》等名篇佳作。

1940 年朱自清返回夫人老家四川成都，次年重返昆明，迁居到司家营清华大学文科研究所，和闻一多做起了邻居。朱自清独自一人住在司家营，缺少夫人的照顾，又因为他早年素爱美食不善节制，患上了严重的胃病。他忍受着贫困和病痛，埋头致力于读书、做学问、搞研究。司家营距城里的学校有二十里地，往来不便。为了兼顾教学和研究，朱自清把课程集中起来，每星期二进城，星期五再返回。步行往返颇为劳累，但朱自清还是坚持下来，为自己赢得了三天完整的时间。他利用这三天时间进行的写作，倾注了大量精力，写下了《新诗杂话》《新诗的进步》《抗战与诗》《诗与建国》《诗的趋势》等著作。

朱自清在昆明时，不止一次地对友人说："抗战第一，生活苦一点不要紧；只要抗战胜利，就什么问题都好解决了。"① 他也终于在春城等到了抗战胜利的这一天。1945 年 9 月，西南联大结束，三校北返复校。朱自清随校回到离别多年的清华园，1948 年 8 月在疾病中去世。正如杨振声所说："（朱自清）文如其人，风华从朴素中来，幽默从忠厚中来，腴厚从平淡中来。"② 他用自己清贫却笔耕不辍的短暂一生，于西南联大延续文明的火种，传达着多元思想，照耀了中国

---

① 孙信茹．桃园依旧・昆明卷．合肥：黄山出版社，2013：66.

② 李宗刚，谢慧聪辑校．杨振声文献史料汇编：纪念朱自清先生．济南：山东人民出版社，2016. 388.

文坛的星空。

### （三）吴文藻与冰心——战火硝烟中的文学伉俪

云大创立初期师资力量薄弱，校长熊庆来利用抗战时期各方人才大量涌入昆明的宝贵机会，广延人才，延聘一大批著名教授，其中就包括中国著名社会学家、人类学家、民族学家吴文藻。吴文藻（1901—1985），江苏江阴人，1929 年任燕京大学教授，并在清华大学兼课，同年 6 月，和冰心喜结连理。

冰心（1900—1999），原名谢婉莹，福建长乐人，现代著名诗人、作家、翻译家、儿童文学家。抗战爆发后，吴文藻 1938 年应云南大学校长熊庆来之邀受聘于云南大学，由此前往昆明，冰心随行。

夫妇二人初来昆明，住在翠湖之畔的螺峰街。安顿下来后，吴文藻立刻投入云南大学的教学工作，担任云南大学文学院院长、社会学系教授兼系主任，同时在西南联大及中法大学兼课。螺峰街不远处的近日楼前有一个花市，冰心时常到那里购买鲜花，把整个家装点得十分温馨，一家人对所处环境非常满意。1938 年以后，日本飞机对昆明开始了越来越多的轰炸，全家人不得不搬到郊外的呈贡，住进闲置的"华氏墓庐"。冰心为表达"主人静伏"的情怀，将屋名改为"默庐"。

"默庐"时期的吴文藻和冰心过起了两地分居的日子。工作日吴文藻在云南大学东陆园里主持科研和教学工作，冰心受呈贡县立中学校长昌景光之邀担任语文及写作课的老师，同时义务为呈贡简易师范学校的学生上两节文章作法课。她上课时常以自己文学创作的经验，指导学生习作。学生写出较好的作品时，她还会以个人名义奖励。更令人难以忘记的是，冰心还给呈贡中学和简师题写了校训“谨信弘毅”。

周末吴文藻从城里骑马回家，还往往带着几位西南联大没带家眷的朋友回家，如称为“三剑客”的罗常培、郑天翔和杨振声。夫妇二人都经常将同事和学生带到默庐写字、作画、阅读、讨论、改稿，已成为他们的生活日常。同时，吴文藻主持着燕京大学与云大合作的魁阁实地调查工作站的工作。在魁阁，吴文藻培养了费孝通、张之毅等社会学大家，这一时期后被学界称为中国社会学的“魁阁时期”。

1940 年，冰心应宋美龄的邀请到重庆做妇女指导工作。考虑到这能够直接为抗战出力，同时吴文藻也受聘到重庆的国防最高委员会负责研究边疆的民族、宗教和教育问题，于是夫妻二人决定前往重庆。离开呈贡前，冰心为学生李培伦写了著名词人卢前的《临江仙·读剑南诗稿》：“一发青山愁万种，干戈尚满南东，几时才见九州同。纵然空世事，世事岂成空。”① 该诗表达了她和吴文藻忧国忧民的爱国情怀。同年，冰心的《默庐试笔》在香港《大公报》上发表，“默庐”雅号流传至今。如今，故居依旧，吴文藻、冰心夫妇给昆明人留下了温暖且丰满的回忆。

### （四）施蛰存——万水千山来小坐

抗战期间，许多知名学者或是随西南联大南迁，或是受云南大学

① 王继颖．感恩最小的露珠．北京：中国广播影视出版社，2020：192.

邀约，从全国各地纷纷来到昆明，其中就包括知名作家施蛰存。

施蛰存（1905—2003）原名施德普，字蛰存，常用笔名施青萍、安华等，浙江杭州人。施家世代儒生，施蛰存自小生活无忧，幼年便熟读古代诗书。之后在杭州之江大学、上海大学及上海复旦大学接受正规的现代教育，较早就接触到“五四”新文化运动思想。1937 年 7 月下旬，抗战全面爆发。云南大学校长熊庆来应了朱自清的推荐，邀请施蛰存赴云南大学任教。9 月初，施蛰存踏上了赴滇之路。

初到昆明，施蛰存先和吴晗等人同住在翠湖北路的王九龄旧居。旧居的主人王九龄是昆明当地的名人，曾任东陆大学首届名誉校长一职。不久后，施蛰存迁入了文化巷 11 号。云南解放前的文化巷荨麻丛生，是西北城脚的偏僻荒凉地段，故叫“荨麻巷”。到 30 年代末期，由于西南联大初到昆明建校时校舍紧缺，所以很多师生暂住这里，这条普通狭长的小巷子也因为“往来无白丁”一跃而成颇有名气的“文化巷”，其中的 11 号最是人才荟萃。据施蛰存回忆，在文化巷 11 号他与吕叔湘同住一室，与钱钟书同住一楼，与罗廷光、杨武之同住一院。当然，如今的文化巷 11 号早已片瓦无存、了无遗痕。从这个意义上看，文化巷或许是西南联大在昆明的最后一阕挽歌。

施蛰存来昆之前已是颇具名气的文坛新锐，他对我国心理分析小说的发展做出了重要贡献，是我国“新感觉派”的代表作家之一。来到云南大学，除在文史系教大一国文、历代诗选、文选外，还编撰了《中国文学史》《散文源流》等教材。同时，他逐渐对云南古代史方面的文献产生兴趣；在西南联大历史系教授、著名敦煌学家向达的影响下，施蛰存看了许多敦煌学文献资料，还校录了十多篇变文，写了一些札记。他还积极参与筹备中华全国文艺界抗敌协会昆明分会，是当时比较活跃的知识分子。

1940 年 3 月，施蛰存离开执教两年的云南大学，取道香港返沪省亲。但他从未忘记昆明。1941 年，他写下《怀念云南大学》，文中以“我看见云南大学怎么繁荣起来，我看见她怎样成为抗战大后方的一个最高学府，现在，当我离开她不久，她也终于遭逢到这悲壮的厄运。虽说是早已预期着的，但是一旦竟实现了，却总不免使我感到甚大的悼惜”①，表达自己的关心、惋惜之情。

### （五）汪曾祺——中国最后一个士大夫

汪曾祺对翠湖、对昆明饱含深情，甚至用文字表白“昆明是我的第二故乡”。

汪曾祺（1920—1997），江苏高邮人，中国当代作家、散文家、戏剧家、京派作家的代表人物。与朱自清、施蛰存等受邀执教的文人不同，汪曾祺最初是以学生身份来到昆明的。1939 年夏，汪曾祺从上海经香港、越南到达昆明，以第一志愿考入西南联大中国文学系，师从沈从文等名师学习写作。他在昆明生活了整整七年，于 1946 年初秋，离开昆明回到上海……

---

① 林呐，徐柏容，郑法清．施蛰存散文集．天津：百花文艺出版社，2009：320.

大学时代的汪曾祺已经展露出率真、洒脱的性格。一遇到自己讨厌的科目，他便逃课，跑到空教室读自己喜欢的书籍，或在哪个小店品呷着美味。因此他数学、英文等多科科目挂科，加上毕业时不服从分配（给美军当翻译），最后没有拿到毕业证。但另一方面，汪曾祺与同学创办校刊《文聚》杂志，并不断在杂志上发表诗歌、小说。他的老师沈从文偏爱他，曾给他的习作打了 120 分（满分是 100 分）。赵树理、老舍皆请他做过小说编辑。或许，贾平凹用“文孤”形容他再贴切不过。

1940 年起，汪曾祺开始发表散文、小说和诗歌。其中，有关昆明的题材多达二十几篇，如《昆明的雨》《翠湖心影》《泡茶馆》……可以算是现代经典作家中，写昆明最多的作家之一。这都源于他在昆明期间，除上学、读书、写文章之余，便是在昆明市区里走街串巷，观察众生百相，品尝各种市井美食。汪曾祺读书时并不富裕，曾寄住在青莲街的同济中学宿舍，但他即便在最难熬的抗战岁月，仍旧保持平和乐观。文如其人，他写出来的文字也几乎看不到硝烟的痕迹。

汪曾祺内心深处有着深深的“昆明情结”，他如此描述这种感情：“这是精神方面的东西，是抽象的，是一种气质，一种格调，难于确指，但是这种影响确实存在。如云如水，水流云在。”① 正是这

---

① 汪曾祺．人间自在．兰州：读者出版社，2021：183.

种魂牵梦绕的喜爱之情，让他在年近古稀的时候，还几度千里迢迢来到昆明，寻觅自己青年时代留下的足迹。在《觅我游踪五十年》中，他再度深情回顾当年的亭阁轩榭、鸟语花香、特色小吃，笔触在对青春的回忆和现实的感慨中迂回，在恒与变之间，体现了这位纯粹的文人一生的追求：美食、游历和怀念。这才是一个懂生活的人真正需要体味的！

## 四、教育家

### （一）陈荣昌——一代文宗叙写九龙往事

光绪九年（1883 年），一代文宗陈荣昌写下《九龙池八景》，第一次把“菜海子”“九龙池”改称为“翠湖”。

陈荣昌（1860—1935），字筱圃，号虚斋，晚号困叟，云南昆明人。幼年他家境清贫，却天资聪颖，1883 年中二甲进士。随后他历任翰林院编修、武英殿纂修、国史馆协修、顺天府乡试同考官、山东提学使、贵州提学使、云南经正书院院长、云南高等学堂总教习、云南劝学所所长、云南教育总会会长等职。

陈荣昌博学多识，毕生致力于研究中国传统文化，对诗词章句、经史策论有较深造诣，著述甚丰，同时担任《云南丛书》名誉总纂和《续修昆明县志》总纂，历时 30 余年完成千余卷“云南的四库全书”，对云南地方文献的系统整理、保存与传播具有深远意义和巨大影响。

陈荣昌虽然出身科举，却毫不泥古守旧，有革新精神。民国之后，他辞官不仕，专心致力于家乡的文化教育事业。光绪二十八年（1902 年），他提议选送钱良骏、李培元等学生赴日本留学，开云南籍学生留学外国之先河。他还先后提名唐继尧、李根源、顾品珍等 130 多名滇籍学生赴北京甚至日本深造，后来这批人对云南乃至中国的近代历史都产生了重大影响。光绪三十一年（1905 年），他赴日本考察学务，回国后写成《乙巳东游日记》，强调中国教育必须吸取西方教育经验和科学技术。这期间，他在云南新式学校的创办、科举制的废除等方面做了大量的工作。

陈荣昌是土生土长的昆明人，热爱家乡，更热爱翠湖。他担任经正书院院长时，便居翠湖边，与翠湖朝夕相伴，晨观暮览，对湖光山色之美感受特别深，连篇累牍写了许多诗文加以歌颂，并把自己的诗集命名为《九龙池集》。最为人称道的是《九龙池八景》五律，既咏翠湖的自然园林景观，又赋翠湖的历史人文景观，语言朴实，情深意浓，充溢着对家乡美景的挚爱。正因为陈荣昌的诗赋对翠湖各方面的美作了传神描写，从此，翠湖这个诗化的名字就流传开来，成为昆明的象征性符号。

陈荣昌于 1921 年 61 岁时皈依佛门，吃斋念佛。虽然生活清贫艰苦，但他为提倡佛学，不惜将自己的菜园捐出，向农林学校换回占用耕植的胜因寺地基，改作华亭寺下院。关于陈荣昌的一生，袁嘉谷的评价最为贴切：“呜呼吾师，人仰山斗，天赐大年，谨述古三不朽之义，赞一辞曰：立德、立功、立言。”①

### （二）袁嘉谷——云南独一无二的状元

在昆明乃至云南的人文史上，袁嘉谷是极为特殊的存在。

袁嘉谷（1872—1937）字树五，号树圃，晚年自号屏山居士，云南石屏人。他成长于一个经商之家，酷爱读书，自小就展现出在学习上的天赋。他22岁应科试，23岁应贡试，又应乡试，因常列榜首，被学友尊为“课（考试）王”。清光绪二十九年（1903年），袁嘉谷中进士，之后又在清朝廷开设的经济特科科举考试中一等第一名，成为云南自元设置行省600余年以来的首位状元。消息传来，云南人兴高采烈，特将昆明拓东路上的“聚魁楼”改名为“状元楼”。楼上题有一匾曰“大魁天下”，以示表彰与祝贺。

袁嘉谷高中之后，先后任京官，入翰林院任编修、协修等。8年中，他致力于主持编写教科书、编译中西要籍，是中国教育史上负责编写中小学教科书的第一人。至今通用的“星期”“乐歌”等名词，正是由袁嘉谷所新订，而他开辟的学校统编教科书的办法也一直沿用至今。

辛亥革命后，袁嘉谷从浙江携家归滇。他一生清廉，初到昆明时全家无一椽之屋，又遇租房困难，最终得友人帮助及多方筹资，才于1920年乔迁新居，结庐于翠湖畔玉龙堆5号。回到故乡的状元没有沾

---

① 张佐，张俊．云南科举趣谈．昆明：云南美术出版社，2019：277.

名钓誉，而是自甘寂寞，著书立说，任云南省立图书馆馆长之余，搜集、整理云南地方文献，同时应唐继尧之聘为顾问，并修《云南丛书》。

回昆后的袁嘉谷愈加认识到教育的重要性。恰巧 1923 年，私立东陆大学成立伊始，校长董泽聘请他担任国文教授。听闻学校经费紧张，袁嘉谷不仅婉拒聘金，反而捐款千元作为办学资金。这一坚持就是 8 年，直到学校由私立改为省立，他才开始领薪酬。

袁嘉谷以高龄之姿在云大执教十余年，教学相长、因材施教；他的课，总是座无虚席。他奖掖后学，甚至亲自为学生编辑作品集；学生遇到困难，他想方设法予以帮助……15 年来，他培养的数百名学子中不少人成绩斐然，如李士厚、李乔、浦光宗、张希鲁等，他为云南乃至中国的教育事业做出了重要贡献。

袁嘉谷的一生，有过“居庙堂之高则忧其民”的心怀天下，亦有“化作春泥更护花”的桃李满天。作为古今天下唯一一位从封建王朝状元做到现代高校教授的人，他致力于教育、学术研究以及地方文化的挖掘与整理，是当之无愧的云南独一无二的状元。

为了纪念云南这位独一无二的状元，他的旧居已经于 2011 年被列为昆明市级文物保护单位。旧居位于翠湖北路 5 号，是一幢清代典型的木结构四合院民居楼房。院落虽然面积不大，但内涵丰富，可谓云南及石屏历史文化的一个重要缩影，是了解云南文化历史，教育和激励后人刻苦学习、勤奋攻读、拼搏进取的好地方。

### （三）王九龄——云南大学首届名誉校长

沿着翠湖逛到翠湖北路 3 号，一处土黄色的两层宅院出现在面前，这便是王九龄旧居。

王九龄（1880—1951），字竹村，号梦菊，云南省云龙县石门镇人。他早年留日，在日本加入同盟会，积极投入反帝、反清革命运动。光绪三十二年（1906 年）从日本回国后，他积极参与昆明人杨振鸿等组织的“兴汉会”，成为中坚力量。1920 年，他重视云南省的文化教育，支持唐继尧创办东陆大学并积极参与筹备工作。1922 年东陆大学成立时，与时任省长的唐继尧一同被选为东陆大学首届名誉校长，并连续担任三届校董事会董事。

1926 年，王九龄先生于云南大学正门斜对面建成居所，并长期与家人居住在此。这是一座土木结构的传统四合五天井式宅院，坐北向南，坡面青瓦悬山顶。为了借南面翠湖之景，便于观赏，南面仅建了平房，其他三面均为二层楼房。站在二楼外走廊上，翠湖美景，尽收眼底。房屋虽然宽大，但木构件装饰则简朴大方。1937 年云大租为教授宿舍，著名历史学家吴晗、刚留法回国的王士魁等初来云大时即下塌于此，院落 1952 年为云大所购买。1953 年后，学校为著名教授刘文典在此设了杜甫研究室。2011 年，王九龄故居被列为昆明市级文物保护单位。

王九龄晚年息政退隐，潜心佛学研究，与华亭寺虚云法师过从甚密，1945 年将所珍藏的全部佛经捐赠给华亭寺。虽离开家乡较早，但他无时不在关心家乡的发展。1938 年经多方努力，功果吊桥得以建成。1949 年，王九龄任云南人民和平促进会理事，为云南的和平解放作出了贡献。1950 年，他将一生所收藏的文物古籍捐赠给人民政府，以宗教界人士参加政协云南省第一届委员会议。1951 年 9 月 17 日，他因脑溢血在昆明逝世，终年 71 岁。

### （四）熊庆来——教育学术为百年大计

被誉为“中国现代数学先驱”，在云南高等教育特别是云南大学的建设发展中功勋卓著，这个人就是熊庆来。

熊庆来（1893—1969），字迪之，云南弥勒人，其父熊国栋为清末文库。他幼年在本村私塾完成了启蒙教育，1913 年考取云南官费留学比利时。由于战时法国矿校关闭，即改学数学，1921 年初归国。此后十五年，熊庆来先后为东南大学、西北大学、清华大学等校创办算学系，自编教材《高等算学分析》。因为内容丰富，逻辑严密，该书被列入《大学丛书》，公认为当时国内最高水平的高等数学中文教科书。

回国后的这十几年间，熊庆来从一位优秀的年轻学者成长为国际著名的数学家；他定义的“无穷级”被国际上称为“熊氏无穷级”，载入世界数学史册。熊庆来始终满怀报效桑梓之情，1937 年 6 月，应云南省主席龙云之聘，离开清华大学回到家乡，任云南大学校长。上任伊始，他就对云南大学的办学规模、专业设置、教师聘任、招生制度和学校管理进行了大刀阔斧的改革。尤其是师资力量方面，熊庆来一向认为："学校成绩之良窳，过半由教授负责。"① 他特别强调优秀教师对保证学校教育质量的重要性。他充分利用西南联大等高校南迁的机会，采取聘任、借聘、兼任、设讲座等方式，聘请费孝通、楚图南、华罗庚等近百名优秀教师，大大提高了云大的师资水平。

云大在战争环境中取得的卓越办学业绩，原因固然很多，但这当中，熊庆来确实功不可没。从1937年至1949年这12年间，熊庆来历尽艰辛，把云南大学办成了一座学科门类较为齐全，颇具规模，享誉中外的综合大学，使云大迎来历史上第一个黄金发展期。从其个人因素来说，一方面是他深厚的学术造诣和对大学办学规律的熟悉与了解，另一方面是他具有爱国爱乡、艰苦朴素和清正廉洁的高尚品格。

熊庆来任校长后不久，他们一家就搬进了学校内被称为"校长楼"的小楼。这座坐北向南，进深两间的砖木结构的两层楼房坐落在云南大学会泽院东北侧几十米的地方。但由于熊庆来将全部精力都投入校务，往往废寝忘食，所以哪怕相距不远，家里也要三番五次打电话催促他才回家吃饭。与外观伟岸的会泽院大楼相比，熊庆来居住的这幢楼房显得玲珑秀气。但是，它却见证着云大办学的一段重要的历史岁月，寄托着人们对我国杰出的数学家、教育家，云大校长熊庆来永久的追怀。熊庆来旧居于2003年被列为云南省级文物保护单位。

### （五）李广田——大地之子

云南大学会泽院东侧坐落着一幢黄色小楼，建盖于1937年，拥

---

① 卜保怡．昆明名人旧居．昆明：云南人民出版社，2005：65.

有“中国高校最美的八座大师故居之一”的美誉，因为小楼先后是熊庆来、李广田两位校长的住宅。

李广田（1906—1968），原名王锡爵，号洗岑，笔名黎地、曦晨等，山东邹平人。他因家庭拮据被过继给舅父，故改姓李。他自幼苦读不懈，博览群书，1929 年考入北京大学外语系，先读预科二年，后读本科四年。1934 年与挚友卞之琳、何其芳出版诗集《汉园集》，人称“汉园三诗人”。毕业后，他在山东济南教书，创作了大量诗歌、散文。

1941 年秋，李广田至昆明，在西南联大任教，以马列主义观点讲授文艺理论。1946 年 7 月，李公朴、闻一多先后遇害。李广田在黑暗中更加警醒感奋起来，决心踏着烈士血迹前进。他在《闻一多选集》序中说：“他的血并不是只是染成一朵无名的野花，也不仅仅染了他脚下的枯草，而是染红了无数人的心，使千百万人站起来，为民主，为和平，为一个新的人民中国而斗争。”① 抗战胜利后他暂别昆明，前往南开大学、清华大学任教。

1952 年，高等学校院系调整，李广田重回云南，调任云南大学副校长，1957 年任校长，并兼任中国科学院云南分院文学研究所所长、作协云南分会副主席、中国作协理事等。在任的十多年间，李广田尽心尽力为这所边疆大学服务，推动着云南大学不断向前。他尤其

① 昆明市政协文史学习委员会．抗战时期文化名人在昆明．昆明：云南人民出版社，2002：254.

关心支持物理学、生物学等学科，使其飞速发展，在全国高校同类学科中享有一定声誉。

李广田来到云南大学后，便同熊庆来校长一样住进小楼。师生们私下便称这栋小楼为“校长楼”。他在小楼对云南彝族撒尼人民间叙事长诗《阿诗玛》进行了整理修订工作，还整理了傣族民间叙事诗《线秀》，民间传说《一滴蜜》等，更于1962年创作了散文名篇《花潮》。至今，后者仍是描写昆明景色的名篇佳作之一。小楼如同一位饱经风霜的老人，目睹过“谈笑皆鸿儒，往来无白丁”的盛况，见证了李广田为云南高等教育的发展付出的辛劳。

作为云大厚重、开放、包容的历史文化的建筑载体，2003年，在云南大学建校80周年之际，“熊庆来、李广田旧居”被列为云南省级文物保护单位，并对外开放。

## 五、其他名家

### （一）汪湛海——八年堪舆功始成

翠湖第一次被纳入昆明城内始于明代，而明代昆明城的设计者，正是当时著名的堪舆家汪湛海。

汪湛海身世“神秘”，未在正史中有所著录，他的种种“事迹”一直在民间流传。其中，最出名的便是他设计的昆明城。

昆明城的建设，上可推至庄蹻入滇，当时名曰“苴兰城”，在今昆明市的黑林铺、黄土坡、高台地一带。西汉时期，益州郡治下有谷昌县，在今昆明拓东城附近①。南诏时期，在今拓东路一带修拓东城，又名鄯阐。大理国时期，鄯阐被称为东京，是最繁华的城市之一。元代在中庆路下设昆明千户所，后改为昆明县，昆明开始作为城市名出现②。

明代，昆明城进入一个新的历史阶段。明洪武十五年（1382），罗养儒《云南掌故》言："盖旧城砖上，有印洪武二十五年（1392），有印洪武二十七年（1394）两种字样者。"③ 地方政府组织开展了修筑昆明城池的宏大工程，使昆明城真正成为一座有城墙围绕的城市。

当时设计昆明城的，是著名的堪舆家汪湛海。汪湛海到了云南之后，不是立刻大兴土木，草率了事，而是堪舆八年，走遍云贵川藏。"汪抵昆明后，审山龙，察地脉，别阴阳，定子午，就高下而奠基础，取形胜而立范围，经八年之惨淡经营，功始告成。"④

其所修昆明城基本格局为龟形，南门为龟头、北门为龟尾、大小东门和大小西门为龟之四足，与长虫山组成"龟蛇相交"之象。城墙由砖砌成，共有6座城门，每个城门上都建有城楼，其中南城正门上的城楼被称为近日楼。城外有护城河环绕，河上可以划船行舟，翠湖也被第一次划入城中。

---

① （唐）樊绰撰，向达校注．蛮书校注．北京：中华书局，2018：155－156.
② 冯良方．云南古代汉文学文献．成都：巴蜀书社，2008：66.
③ 罗养儒（撰）编，李春龙整理．纪我所知集：云南掌故全本．昆明：云南人民出版社，2015：27.
④ 罗养儒（撰）编，李春龙整理．纪我所知集：云南掌故全本．昆明：云南人民出版社，2015：27.

如今，在各级政府和民众的共同努力下，一个环境优美、形态合理、交通便捷的现代昆明城正在崛起。这是人们放心安享、世代托付的美好家园，这也应是汪湛海先生规划昆明城之初衷。

## （二）赵鹤清——云南最早的名片

从九龙池、菜海子、翠海到翠湖，于每一个昆明人而言，翠湖不仅仅是一个地名，它更像一种印记，一旦触及，心境就变得柔软起来。无数文人政客来到翠湖，或是吟诗作对或是挥斥方遒。可人们往往忽略了当年的一汪滇池水是如何变成今日诗情画意的翠湖公园的。促成这种转变的关键人物之一，便是云南艺苑名士赵鹤清。

赵鹤清（1865—1954）字松泉，别号瘦仙，云南姚安人，出生在一个官宦世家。光绪二十三年（1897 年），赵鹤清乡试中举，后因朝廷废除科举，被派到八旗高等学堂担任美术教员。辛亥革命后，他回到故乡云南，先后担任过他郎厅（今墨江县）长官、澜沧县长等职务。

但赵鹤清的兴趣，更多在艺术领域，世人称其诗、书、画、篆刻和园艺为“五绝”。早在 1915 年，他创作的中国画《墨兔》就荣获巴拿马万国博览会金质奖章。退出官场后，他更是将自己的全部心血及对家乡的一腔热爱都献给他喜爱的文学、艺术。他酷爱写生，每到一地便随性作画。昆明崇文印书馆于民国初年石印出版的《滇南名胜图》收有赵鹤清绘制的 178 幅山水画。该书是最早介绍云南风光的图书。该书左图右文，装帧精美，一经面世，就获得学界普遍赞誉。此外，他1930年受龙云之聘，发挥早年漫游苏杭时积累起来的园林建筑知识，创造性地为大观公园左侧建立了一座“假山真登”的“彩云崖”。此岩至今巍巍矗立，游人无不对其叹为观止。

赵鹤清和翠湖的关系更为密切，他兴建翠湖园林，形成翠湖现在的格局。1922年，对园林艺术很在行的市政公所督办张维翰主持昆明园林建设。次年8月，他决定聘请赵鹤清为首任公园经理，负责翠湖整治工程。这是对翠湖规模较大的第一次建设。赵鹤清保留莲花寺的原建筑风貌，南侧设经理事务所，西面新建“水流云在轩”，在南面湖中拟仿杭州西湖设葫芦形的三个石塔，即“三潭映月”。此次工程前后历时九年，基本定型了昆明城的“中央公园”。透过今天翠湖海心亭中赵鹤清题写的匾额“得其所哉！得其所哉！”还能看得出当年他所勾勒的轮廓。

赵鹤清平生喜游历，好结交，富才情，因而诗词创作伴其一生。他的诗词又大都和社会现实、人民生活息息相关，充满了正义与爱国之情。1931年“九一八”事件发生，蒋介石奉行不抵抗政策，将东北三省拱手送给倭寇。赵鹤清闻讯，满腔悲愤写出了《辽唁》三首，以表达自己“以诗抗日”的情怀。

### （三）周钟岳——云南三老，一字千金

与袁嘉谷故居同处翠湖北路的，有一栋中西合璧风格的民居建筑，周钟岳先生曾在这里居住多年。说到周钟岳，大多数人只知道他题写的南京“总统府”和著名风景名胜“石林”等墨宝。实际上，

周钟岳不仅是一位书法家，更是著述甚丰的学者、诗人，为中国民主主义革命、云南地方文化及教育事业做出了杰出贡献，是被毛泽东同志称颂的“云南三老”之一，是当之无愧的近代云南历史文化名人。

周钟岳（1876—1955），白族，字生甫，号惺甫、惺庵，云南剑川人。周先生幼时家境贫寒，但凭借极高悟性以及刻苦学习，于清光绪二十九年（1903 年）考取癸卯科云南乡试第一名，时人称“周解元”。次年他赴日留学，先后进入弘文学院、早稻田大学肄习法政。

他一生为国为民。袁世凯就任临时大总统时，他即指出袁世凯一旦掌握中国政权，必为中国之祸害。周钟岳重视教育，1907 年底归乡后，积极推行和普及现代教育，力求提高国民素质，任云南省两级师范学堂教员、教务长，函请云南留学日本和在京深造之教育人士还滇襄助，使学校面貌焕然一新。他还竭力主张创办云南自己的大学，积极参与东陆大学的筹建工作，并一直担任校董事，支持并协调让云南大学从地方性大学升格为国立综合大学。他于 20 世纪 30 年代初任云南通志馆馆长，主编《新纂云南通志》《续云南通志长编》两书，为云南文化事业的发展做出了重要贡献。西南联大时期，受北京大学校长蒋梦麟之托，周钟岳积极周旋，促成西南联大在云南顺利成立。

周钟岳治学，主张取古今中外之长，尤贵创新。他称拒学新籍者为“瞢儒”，无异于“井蛙自深闭”，倡导学习不可泥古不化，亦不能盲从附和，提出“研阅以穷照”，才能“了然于心，洞若观火”的主张[①]。他曾汇编《师范丛编》10 卷，辑译日本学者松村介石《中国教育制度变迁通论》1 卷。其云南同学创设"云南杂志社"，周钟岳任总编，并撰有《论云南对于中国之地位》及《滇越铁路赎回之时机及其办法》等文。他与范熙壬、张耀曾、席聘臣等合组《新译界》杂志社，从事译述。他还博采中外图籍，写就《法占安南始末记》一书。

新中国建立后，周钟岳安居昆明，1955 年 5 月 19 日病逝，享年 79 岁。临终前，他嘱家人把私藏图书数万卷分赠云南大学及云南省图书馆。

周钟岳身处新旧变革、社会动乱的年代，有强烈的爱国、爱乡、爱人民的精神，不图名利，无论是主持滇政或执掌修志编史、教育工作都孜孜不倦，努力改革创新，作出了卓越贡献，给后世留下了丰硕成果。其精神昭示于来兹。

周钟岳故居位于昆明翠湖北路 18 号，木结构的中西式三层建筑，平面呈凹字形，中间 3 间带两柱外走廊，两侧突出部分正面为三面体，使得坡面悬山屋顶两侧前部形成半圆攒尖顶，美观简洁。其故居于 2011 年被列为昆明市级文物保护单位。

### （四）陈一得——中国自然科学的鲁殿灵光

云南气候宜人，自古神秘而多彩，而历史上第一位系统对云南近

---

① 张昌山．云南文化读本．昆明：云南人民出版社，2014：124.

代天文、气象、地震等方面进行研究的，当属云南气象事业的开山鼻祖——陈一得。

陈一得（1886—1958），原名陈秉仁，字彝得，号一得（私立“一得测候所”即以一得为名），故通称号，云南盐津人。陈一得七岁丧母，但自幼勤学，在童子试中名列前茅。清政府废除科举制度后，他曾以第一名的成绩获得留学资格，却因参加反对袁世凯复辟帝制的宣传，未能成行。之后，陈一得于云南省优级师范数理化专科毕业后，受聘在云南省立中学任教，同时努力自学天文学和气象学，投身于昆明及云南的气象研究。

此时的中国，在近代天文学、气象学、地震学等领域还是牙牙学语的稚童，研究者寥寥无几，相关的设备更是极其简陋。但陈一得对此产生了浓厚的兴趣，并决心做开创者。1917 年，昭通市大关县发生强烈地震，他在教学之余迅速赶到现场进行调查，按照“重观测”“查物产”“益民生”的务实研究方法，首次将昭通属八县定性划分为四种气候类型，次年完成《昭通等八县图说》。1927 年初，陈一得受派到江苏、浙江、河北、湖北等省学习调研，掌握了最新的信息和学科知识。回昆后他决心辞去教职，专心投入天文、气象、地震等方面的研究。当时他住在钱局街 83 号，是年 7 月，他拆去楼顶部分屋瓦，装好望远镜，创建了云南的第一个也是中国第二个私人气象观测站——“一得测候所”。

自此以后，陈一得和妻子刘德芳、胞弟陈仲仁、义子陈永义以及他的助手一起观测气象，编制日报、年报，为全国气象测候提供依据。由于气象资料事关军事、国防，立即引起了国外注意。河内法立测候所、天津日租界气象台先后派人来昆，企图重金收购其气象资料，陈一得均严词拒绝。1936 年，陈一得将一得测候所从钱局街私宅搬到西山太华山之巅，建立了云南省立气象站并担任站长，继续从事气象学和天文学研究，成就了云南天文气象的一番事业。新中国成立后，他曾先后担任云南省博物馆馆长、中国科普协会云南分会主席等职，主要论著有《云南气象要素分析》《云南恒星图》等。1958 年，陈一得于昆明病故，享年 72 岁。

“泰山其颓，哲人其萎”，但陈一得毕其一生建树的事业是不朽的。陈一得创制了观测星象的“步天晷”，并首次计算出云南各地的标准时和太阳出没、昼夜时分。他与云南大学合作，建立了云南第一个天文点——“云南大学天文点”，测定了昆明的经、纬度，设计制作了“标准时日晷”，在近日楼悬挂标准时钟……私立“一得测候所”旧址现已不存，但西山太华山巅尚存昆明测候所。所东有陈一得夫妇之墓，他与他的事业永远在一起。

### （五）顾映秋——名门才媛，慧眼识珠

云南大学虽地处边疆，但思想进步，一贯主张男女平等。首任校长董泽即表示“但属才堪造就，即无分男女”，第一届预科生便招收 6 名女性。此后女学生数量逐年增加。至熊庆来主持学校之时，全校女生已达 160 多人，出现宿舍不够的问题。好在时任云南省政府主席

龙云的夫人顾映秋慷慨解囊，解决了学校的燃眉之急①。

顾映秋（1902—1966），云南军界要人顾品珍之侄女，云南昭通人。她曾就读于北平女子师范大学外语系，有着“云南一号美人”的美誉。在校期间，她与就读于中文系的同乡李陪莲结下深厚友谊。后来李陪莲做了龙云夫人。李陪莲生下龙绳德时因患产褥热而去世，顾映秋便成为龙云的贤内助。顾映秋出身名门，颇具胆识。她在云南的时候支持和保护西南联大等大批民主爱国人士，曾前往滇西前线慰问官兵，在“一二·一”运动中捐款支援并保护云南学生发动了“昆明学生运动”。她创办云南省坤维慈幼院，济救孤苦无依的儿童。1940 年她担任云南南屏电影院的董事长，出资并主持修建了南屏电影院，使得西南地区拥有了第一座现代化专业电影院，一些有时代意义和文学价值的影片在云南得以播映。

顾映秋与云南大学密切相关的有两件事情。一件是力荐熊庆来任校长。1937 年云南大学校长何瑶因“倒何”事件辞职，龙云多方物色人选均不中意。顾映秋想起自己在北平读书时常去清华拜访熊庆来，对熊庆来比较了解，加之熊庆来是云南人，既有学问，又有办大学的经验，更主要是有愿为桑梓贡献力量的感情和愿望，实在是不二人选。在她的游说下，龙云经反复考虑，终于决定劝说熊庆来来滇。熊庆来也果真不负众望，短短几年便将云南大学建设成为在中国和世

① 朱惠荣．昆明古城与滇池．昆明：云南人民出版社，2017：323－324.

界都有一定地位的综合大学。

再一件值得一提的，便是顾映秋慷慨捐资修建映秋院。顾映秋作为知识女性，饱含对云大和女学生的关爱之情。听闻学校缺少女生宿舍，立刻出资数万元修建女寝。恰逢梁思成、林徽因夫妇居于昆明北郊，于是熊庆来出面，请求这对建筑伉俪帮忙。二人虽疾病缠身，却“以纯友谊的协助”共同设计了映秋院。映秋院为四合院建筑，由平房、楼房、走廊、走道组成，东北设月宫门，西南建瞭望塔，中西合璧，古朴典雅。映秋院建成后，最初为云南大学女生宿舍，著名画家徐悲鸿、“两弹一星”获奖者彭桓武院士等一批名家曾在此居住，现为云南大学的办公场所。

映秋院是在抗战时期建成的。修建期间，云大校园两次遭日本飞机轰炸，只能边建边修，最终耗时 4 年完工。它是风火岁月中建盖的建筑，深透出不屈于日寇与坚守教育事业的风骨。无声的建筑诉说着艰辛的年代与坚强的品格。映秋院以捐款人的名讳命之，以此铭记顾映秋的柔情侠骨。1987 年，映秋院被列为云南省级重点文物保护单位。斯人已玉殒香消，但云大校园的土地上，以历史的名义，不会忘怀故人和那一段岁月。

### （六）聂耳——人民音乐家

在抗战的烽火中，一大批优秀的抗战歌曲广为传唱，成为凝聚民族力量的精神火炬。其中，最著名的《义勇军进行曲》众望所归地成为中华人民共和国的国歌，它的曲作者聂耳就出生、成长在昆明。

聂耳（1912—1935），原名聂守信，字子义（亦作紫艺），云南玉溪人，出生于昆明市五华区甬道街37号“成春堂药铺”的小楼上。聂耳的母亲来自能歌善舞的傣族，是他的第一个音乐启蒙老师。聂耳不仅学习成绩优异，而且很有音乐天赋，小学时聂耳就参加了学生音乐团并担任乐队指挥。

聂耳在昆明度过了他的幼年和青少年时光。读初中时，他们家搬到了端仕街18号，这里离学校和翠湖都很近。吃过晚饭，聂耳与同学常常结伴坐在风光秀丽、环境清幽的翠湖堤上，一会儿合奏，一会儿独奏，一会唱歌，尽欢而归。若干年后，聂耳回忆起这段温馨的翠湖时光，谱写出作品《翠湖春晓》，表达对家乡的思念，以及人们对美好未来的向往。1928年11月至1929年5月，为了早日投身革命的洪流，并进行革命宣传，他瞒着母亲，经中共地下党领导同意后，和几个进步同学报考了国民革命军第16军的学生军。可很快他发现这支军队受到严格的控制，根本不具备开展革命活动的条件。于是，他利用部队整编之机离开部队，回到昆明。

1930年7月，他因参加学生运动暴露了身份，随时都有被捕的危险。7月10日，聂耳被迫离开昆明前往上海。1931年4月，他考入了“明月歌舞剧社”，正式开始了艺术生涯。1933年初，由田汉同志介绍，聂耳加入了中国共产党。从此，他不仅获得了新的政治生命，艺术才华也得到进一步的发挥。这期间，正是民族危机极为严重的时期，也是国民党反动派对革命人民实行军事“围剿”和文化“围剿”

最疯狂的时候。聂耳始终站在斗争的前列，在他创作的歌曲中，表达了人民的呼声、民族的怒吼。自 1933 年 8 月发表第一首作品《矿工歌》起，不到两年的时间，他共创作了三十七首歌曲。

《义勇军进行曲》是聂耳创作的最后一部作品，也是他影响最大的作品。当聂耳为田汉写的这首歌词谱曲时，他把自己对祖国、对人民和对党的赤诚，对敌人的无比愤慨，都倾注到每个音符之中。全曲和谐高昂、铿锵有力，激励人们奋发向上。1935 年 7 月，电影《风云儿女》拍成后首次放映，该曲迅速传唱开来。不幸的是，两个月后，年仅 23 岁的聂耳意外溺亡于日本。聂耳逝世后，于 1938 年归葬于昆明西山，在一株株苍柏的掩映下，人民音乐家聂耳长眠于此。郭沫若为聂耳题写了墓碑："聂耳同志，中国革命之号角，人民解放之鼙鼓也。"①

---

① 吴宝璋．近代云南文化史．桂林：广西师范大学出版社，2020：358.

# 参考文献

## 著作

1.（唐）李泰等撰，贺次君辑校．括地志辑校［M］．北京：中华书局，1980.

2.（唐）樊绰撰，向达校注．蛮书校注［M］．北京：中华书局，2018.

3.（明）宋濂等撰．元史·卷一百二十五·赛典赤赡思丁传［M］．北京：中华书局，1976.

4.（明）杨一清著，冯良方点校．石淙诗稿［M］．昆明：云南教育出版社，2018.

5.（明）刘文征撰，古永继点校．滇志［M］．昆明：云南教育出版社，1991.

6.（清）戴淳，云南省文史研究馆整理．云南丛书（第三十一册）·晚翠轩诗钞·卷二·自题龙池钓鱼图歌［M］．北京：中华书局，2009.

7.（清）冯甦著，徐文德，李孝友校注．滇考［M］．昆明：云南人民出版社，2017.

8.（清）李元度著，易孟醇点校．国朝先正事略 1［M］．长沙：

岳麓书社，2008.

9. （清）赵尔巽等撰．清史稿［M］．北京：中华书局，2020.

10. （清）范承勋，王继文修．康熙云南通志［M］．南京：凤凰出版社，2009.

11. 杨公道．吴三桂轶事［M］．两友轩，1919.

12. 右江．你们死了，还有我们：一二・一民主运动纪念集［M］．上海．镇华出版社，1946.

13. 王寿庭，张瑶琮．二胡练习曲［M］．郑州：河南人民出版社，1953.

14. 毛泽东．毛泽东选集第四卷［M］．北京：人民出版社，1966.

15. 一二・一运动史编写组．一二・一运动史料选编・上［M］．昆明：云南人民出版社，1980.

16. 王夫之，欧建鸣，陈植森，王昆牧校注．永历实录［M］．长沙：岳麓书社，1982.

17. 朱德．朱德选集［M］．北京：人民出版社，1983.

18. 陆复初．昆明市志长编（卷十三）・近代之八［M］．昆明市志编纂委员会内部发行，云南新华印刷厂印刷，1983.

19. 刘健．庭闻录［M］．上海：上海书店，1985.

20. 云南省社会科学院，贵州省社会科学院历史研究所．护国文献（上）．贵阳：贵州人民出版社，1985.

21. 云南省政协文史委．云南文史资料选辑（34 辑）·读书教学四十年［M］．昆明：云南人民出版社，1988.

22. 李根源著，李希泌编校．新编曲石文录［M］．昆明：云南人民出版社，1988.

23. 张维．李广田传［M］．昆明：云南大学出版社，1990.

24. 吴文藻，王庆仁等．吴文藻人类学社会学研究文集：我的老伴吴文藻［M］．北京：民族出版社，1990.

25. 钱成润．楚雄人物［M］．昆明：云南大学出版社，1991.

26. 邱宣充等．云南文物古迹大全［M］．昆明：云南人民出版社，1992.

27. 张维．熊庆来传［M］．昆明：云南教育出版社，1992.

28. 朱宗震，朱惠彬．蔡锷［M］．天津：新蕾出版社，1993.

29. 刘述礼，黄延复．梅贻琦教育论著选［M］．北京：人民教育出版社，1993.

30. 段跃庆，杨枝丽，郑思礼评注．历代诗人咏云南［M］．昆明：云南大学出版社，1994.

31. 闻一多．闻一多全集·散文·杂文［M］．武汉：湖北人民出版社，1994.

32. 刘光顺．唐继尧研究集［M］．昆明：云南民族出版社，1996.

33. 罗养儒撰，王樵等点校．云南掌故［M］．昆明：云南民族出版社，1996.

34. 北京大学，清华大学，南开大学，云南师范大学编. 国立西南联合大学史料（总览卷）[M]. 昆明：云南教育出版社，1998.

35. 万揆一. 昆明掌故 [M]. 昆明：云南民族出版社，1998.

36. 方国瑜. 云南史料丛刊（第十二卷）[M]. 昆明：云南大学出版社，2001.

37. 章开沅，林增平. 辛亥革命史（下册）[M]. 北京：人民出版社，1980.

38. 李孝友. 昆明风物志 [M]. 昆明：云南民族出版社，1999.

39. 王云. 滇志校考 [M]. 昆明：云南民族出版社，1999.

40. 黄尧. 云烟渺渺：汪曾祺与云南 [M]. 昆明：云南教育出版社，2000

41. 赵新林，张国龙. 西南联大：战火的洗礼 [M]. 上海：上海教育出版社，2000.

42. 云南地方志编纂委员会，中共云南省委员会办公室撰. 云南省志·中共云南省委志·上卷 [M]. 昆明：云南人民出版社，2000.

43. 李埏. 不自小斋文存 [M]. 昆明：云南人民出版社，2001.

44. 蔡寿福. 云南教育史 [M]. 昆明：云南教育出版社，2001.

45. 卓维华主编，朱净宇编. 新编昆明风物志 [M]. 昆明：云南人民出版社，2001.

46. 杨林森. 翠湖春晓 [M]. 昆明：云南民族出版社，2001.

47. 林则徐全集编辑委员会．林则徐全集［M］．福州：海峡文艺出版社，2002.

48. 张文勋主编，云南省诗词学会，云南大学中文系选注．云南历代诗词选［M］．昆明：云南人民出版社，2002.

49. 陈永年主编，昆明市政协文史学习委员会编．抗战时期文化名人在昆明 2［M］．昆明：云南人民出版社，2002.

50. 王君正．昆明三万年［M］．昆明：云南大学出版社，2004.

51. 昆明市教育局教研室，昆明市教育学会历史专业委员会．昆明历史［M］．昆明：云南教育出版社，2004.

52. 卜保怡．昆明名人旧居［M］．昆明：云南人民出版社，2005.

53. 昆明市政协文史委员会．昆明诗词楹联碑文集萃［M］．昆明：云南人民出版社，2006.

54. 张建新，董云川．云大文化史料选编［M］．昆明：云南大学出版社，2006.

55. 余嘉华．钱南园诗文集校注［M］．昆明：云南民族出版社，2007.

56. 何宣．钱南园研究文集［M］．昆明：云南民族出版社，2007.

57. 冯良方．云南古代汉文学文献［M］．成都：巴蜀书社，2008.

58. 云南省档案馆．建国前后的云南社会［M］．昆明：云南人民出版社，2009.

59. 刘兴育．云大拾英［M］．昆明：云南大学出版社，2010.

60. 中国人民政治协商会议云南省昆明市委员会．昆明文史资料集萃［M］．昆明：云南科技出版社，2010.

61. 江渝．西南联大特定历史时期的大学文化［M］．成都：电子科技大学出版社，2010.

62. 桂云剑．五华史话丛书·翠湖史话［M］．昆明：云南大学出版社，2011.

63. 李作新．熊庆来与云南大学［M］．昆明：云南大学出版社，2011.

64. 赵万民等．巴渝古镇聚居空间研究［M］．南京：东南大学出版社，2011.

65. 谢本书．民国滇系四巨头［M］．昆明：云南教育出版社，2012.

66. 吴宝璋．享誉世界的西南联大［M］．昆明：云南教育出版社，2012.

67. 张昌山．云南大学历史文化丛书·云大记忆［M］．昆明：云南大学出版社，2013.

68. 普忠良．中国彝族［M］．银川：宁夏人民出版社，2013.

69. 昆明市地方志编纂委员会办公室．文明的步履：昆明历史文化简明读本［M］. 昆明：云南人民出版社，2013.

70. 姜建. 江苏历代名人传记丛书·朱自清［M］. 南京：江苏人民出版社，2013.

71. 孙信茹. 桃园依旧：昆明卷［M］. 合肥：黄山出版社，2013.

72. 潘剑冰. 民国课堂. 南宁：广西人民出版社，2013.

73. 张昌山. 云南文化读本［M］. 昆明：云南人民出版社，2014.

74. 闻一多. 闻一多文集：散文·杂文卷［M］. 北京：群言出版社，2014.

75. 李霁宇. 古城印痕［M］. 昆明：云南人民出版社，2014.

76. 罗养儒撰，李春龙整理. 纪我所知集：云南掌故全本［M］. 昆明：云南人民出版社，2014.

77. 陈友康. 一代文宗陈荣昌［M］. 昆明：云南人民出版社，2014.

78. 黄玲. 故居遗韵［M］. 昆明：云南人民出版社，2014.

79. 王明达. 云岭风骨：周钟岳传［M］. 昆明：云南人民出版社，2014.

80. 赵夏榕. 读懂朱自清［M］. 南宁：广西人民出版社，2014.

81. 马海洋. 毓秀五华：风物寻访记［M］. 昆明：云南科技出版社，2015.

82. 朱桂昌．钱南园传［M］．昆明：云南人民出版社，2015.

83. 李作新．东陆园随忆［M］．昆明：云南大学出版社，2015.

84. 罗养儒（撰）编，李春龙整理．纪我所知集：云南掌故全本［M］．昆明：云南人民出版社，2015.

85. 中共云南省委宣传部．云南百位历史名人传记丛书·民主斗士：李公朴［M］．昆明：云南人民出版社，2015.

86. 李作新．青山这边独好：东陆随忆《云南往事》续编［M］．昆明：云南大学出版社，2015.

87. 谢本书．云南百位历史名人传记丛书·乌蒙骄子：龙云［M］．昆明：云南人民出版社，2015.

88. 谢泳．不能承受之变：闻一多［M］．西安：陕西人民出版社，2015.

89. 于坚．昆明记：我的故乡，我的城市［M］．重庆：重庆大学出版社，2015.

90. 王瑞平，史鸿文，邱艳艳编著．水与民风习俗［M］．北京：水利水电出版社，2015

91. 雷文彬，卫魏．云南大学校史简明读本［M］．昆明：云南大学出版社，2015.

92. 张维．数学泰斗熊庆来［M］．昆明：云南人民出版社，2015.

93. 耿金．云南百位历史名人传记丛书·气象先驱陈一得［M］．

昆明：云南人民出版社，2015.

94. 于坚．昆明记：我的故乡，我的城市［M］．重庆：重庆大学出版社，2015.

95. 中共云南省委党史研究室．中国共产党云南历史［M］．昆明：云南人民出版社，2016.

96. 梅贻琦．大学的意义［M］．苏州：古吴轩出版社，2016.

97. 于坚．暗盒笔记2：向世界的郊区撤退［M］．广州：花城出版社，2016.

98. 卫魏．古风今韵：云南大学历史建筑的人文解读［M］．昆明：云南大学出版社，2016.

99. 闻一多．最后一次演讲［M］．北京：中国工人出版社，2016.

100. 周文林．名儒总督阮元［M］．昆明：云南人民出版社，2016.

101. 冯良方．出将入相：杨一清［M］．昆明：云南人民出版社，2016.

102. 李宗刚，谢慧聪辑校．杨振声文献史料汇编·纪念朱自清先生［M］．济南：山东人民出版社，2016.

103. 朱惠荣．昆明古城与滇池［M］．昆明：云南人民出版社，2017.

104. 杨海涛．沐英与云南：说说云南明朝那些事［M］．昆明：

云南教育出版社，2017.

105. 傅奠基，唐靖．昭通史话［M］. 昆明：云南人民出版社，2017.

106. 陈居渊．阮元［M］. 西安：陕西师范大学出版社，2017.

107. 袁嘉谷．滇绎［M］. 昆明：云南人民出版社，2017.

108. 龙东林．昆明史话［M］. 昆明：云南人民出版社，2017.

109. 秦光玉编纂，李春龙点校．续云南备徽志［M］. 昆明：云南人民出版社，2017.

110. 云南省档案馆．滇军抗战史话［M］. 昆明：云南民族出版社，2017.

111. 楚雄州社会科学界联合会．楚雄史话［M］. 昆明：云南人民出版社，2017.

112. 王明达．云岭风骨周钟岳［M］. 昆明：云南人民出版社．2017.

113. 任继愈．自由与包容：西南联大人和事［M］. 南昌：江西教育出版社，2017.

114. 封海清，张磊．云南高等教育史［M］. 北京：科学出版社，2018.

115. 朱清．别用嘴上的佛系，掩饰你内心的焦虑［M］. 南京：江苏凤凰文艺出版社，2018.

116. 昆明市地方志编纂委员会办公室．昆明历史文化简明读本

[M]. 昆明：云南人民出版社，2018.

117. 汪曾祺. 岁朝清供：汪曾祺精选集 [M]. 南京：江苏文艺出版社，2018.

118. 李昆声. 云南考古学通论 [M]. 昆明：云南大学出版社，2019.

119. 江忍庵纂辑，乔继堂编. 传统文化修养丛书 [M]. 上海：上海科学技术文献出版社，2019.

120. 谢本书. 龙云传 [M]. 北京：团结出版社，2019.

121. 陈勇. 中国古代监察人物传略 [M]. 北京：中国方正出版社，2019.

122. 昆明市政协. 昆明读本 [M]. 昆明：云南人民出版社，2019.

123. 金幼和，王彦彦. 文化昆明综合卷 [M]. 昆明：云南人民出版社，2019.

124. 汪曾祺著，曹鹏选编. 泡茶馆散文集 [M]. 北京：中国广播影视出版社，2019.

125. 于坚. 云南这边 [M]. 昆明：云南人民出版社，2019.

126. 张佐，张俊. 云南科举趣谈 [M]. 昆明：云南美术出版社，2019.

127. 王继颖. 感恩最小的露珠 [M]. 北京：中国广播影视出版社，2020.

128. 吴宝璋．近代云南文化史［M］．桂林：广西师范大学出版社，2020.

129. 吴宝璋．龙云与云南抗日战争［M］．昆明：云南大学出版社，2020.

130. 沈从文．沈从文湘西纪事作品集［M］．青岛：青岛出版社，2020.

131. 汪曾祺．细思往事：汪曾祺自述［M］．武汉：华中科学技术大学出版社，2020.

132. 昆明市地名和街名命名工作顾问组办公室编．昆明地名故事［M］．昆明：云南人民出版社，2020.

133. 慕塞．张献忠研究［M］．北京：华龄出版社，2021.

134. 汪曾祺．人间自在［M］．兰州：读者出版社，2021.

135. 李晓明，史亚黎编著．辛亥革命在云南：云南之光·百年辛亥回眸［M］．昆明：云南美术出版社，013.

136. 汪曾祺．人间草木［M］．兰州：读者出版社，2021.

137. 杨绍军．追忆与想象：西南联大的文学书写［M］．北京：人民出版社，2022.

138. 李红英，余冰释．西南联大教育救国［M］．昆明：云南人民出版社，2022.

139. 袁丕厚．袁嘉谷文集第 2 卷［M］．昆明：云南人民出版社，2001.

140. 解维汉．中国衙署会馆楹联精选［M］. 西安：陕西人民出版社，2006.

## 期刊论文

1. 徐平，张志军．名将辈出的云南陆军讲武堂［J］. 炎黄春秋，2003（06）：73－75.

2. 赵亚东．西南联合大学精神对当代普通高校办学的启示［J］. 文化学刊，2016（08）：143－145.

3. 张永帅，吴波．昆明翠湖周边历史文化资源的保护与利用对策研究［J］．昆明学院学报，2020，42（01）：126－132.

4. 林文勋．云南大学历史博物馆序言［J］. 云南大学学报（自然科学版），2021，43（03）：416.

5. 黄晨，邵思思．西南联大教育救国的历史贡献和价值传承研究［J］. 创造，2021，29（12）：79－84.

6. 史晓宇，诸芳．发扬西南联大爱国主义精神筑牢文化自信之基［J］. 云南社会主义学院学报，2020，22（01）：90－94.

7. 巫宁坤．西南联大的文化：纪念西南联大建校七十周年［J］. 茶博览，2009（003）：45

8. 艾江涛，于坚．让词的光辉，洞彻事物（上）［J］. 北广人物，2018（29）：27.

9. 李晓巧．范承勋父子总督两江的政绩以及结局［J］. 文史天地，2019（10）：49－53.

10. 杨宝康．杨国翰与林则徐的交往考论［J］．思茅师范高等专科学校学报，2002（04）：18－20.

## 报刊

1. 朱德．辛亥回忆［N］．解放日报，1942. 10. 10.

2. 周恩来在延安纪念“一二·九”运动10周年的讲话［N］．新华日报，1945. 12. 13.

## 档案材料

1. 中国第二历史档案馆藏．陆军部档［B］．48－15－2；912－1342.

## 政府文件

1. 云南省住房和城市建设厅编．翠湖片区整体提升规划（2022）［R］．云南省住房和城市建设厅．2022.

## 网站信息

1. http：//ly. wenming. cn/hswh/hsly/jingdian/201209/t20120925_365940. htm.

2. 云南大学官网．学校概况——历史沿革：http：//

www. ynu. edu. cn/xxgk/lsyg. htm.

3. 张俊．云南往事：百年悠远的钟声．云南政协网：http：//www. ynzxb. cn/content/2023－04/15/content_ 25053. html.

4. 刘兴育．筚路蓝缕，学基初肇．云南大学校史网：http：//xsw. ynu. edu. cn/info/1003/1423. htm.

5. 云南大学第一任校长董泽．云南网：http：//edu. yunnan. cn/content/2008－09/26/content_ 92112. htm.

6. 学校概况：识别云大．云南大学官网：http：//www. ynu. edu. cn/xxgk/sbyd. htm.

7. 张全省．西南联大办学：抗战烽火岁月创造的教育奇迹．网易：https：//www. 163. com/dy/article/GGD6KBHB0514BKD3. html（8月2日）.

# 后 记

书稿终成，提笔三起三落！到文学院就职近四年，得益于学院领导及师生的支持与帮助，本人持续进行文化育人研究，致力在思想政治教育与中文学科建设的融合发展中形成文化育人的有效路径。本书是在理论研究与课程实践的基础上对地方文化资源育人的初步探索，也是本人所主持的云南大学2022—2023年辅导员工作研究重点项目“地方文化资源赋能一流人才培养的机制研究”以及云南大学2022年“专创融合”课程建设项目“滇翠风物与文学书写”的研究成果。

感谢课题组成员田滟滔、陈晓莉、周媛媛、李欣月、姜匀秋、罗婉月、邢舒涵、梁贝贝同学参与前期初稿工作；感谢龚玲玲、徐铭、郭婕、温晓宇同学参与后期校对工作；感谢陈芳、张志军、张多、阿宗兵、常臣尤、陈长赓老师全程帮助指导。最后，要特别感谢王卫东老师，正因为您各方面切实的关心与支持，才让我一路前行、不曾言弃！

囿于本人水平，错误之处难免，恳请各位读者理解并不吝赐教，以利将来补正完善。